风月同天——中日民间经济文化交流纪实丛书

日产在中国

日产（中国）投资有限公司 著

人民东方出版传媒
东方出版社
The Oriental Press

图书在版编目（CIP）数据

日产在中国 / 日产（中国）投资有限公司 著 . — 北京 : 东方出版社 , 2023.12
（风月同天 : 中日民间经济文化交流纪实丛书）
ISBN 978-7-5207-3459-2

Ⅰ.①日… Ⅱ.①日… Ⅲ.①汽车企业－合资企业－工业企业管理－研究－中国 Ⅳ.① F426.471

中国国家版本馆 CIP 数据核字 (2023) 第 088906 号

日产在中国
（RICHAN ZAI ZHONGGUO）

作　　　者：	日产（中国）投资有限公司
责任编辑：	姬　利　柳明慧
出　　　版：	东方出版社
发　　　行：	人民东方出版传媒有限公司
地　　　址：	北京市东城区朝阳门内大街 166 号
邮　　　编：	100010
印　　　刷：	北京联兴盛业印刷股份有限公司
版　　　次：	2023 年 12 月第 1 版
印　　　次：	2023 年 12 月第 1 次印刷
开　　　本：	880 毫米 ×1230 毫米　1/32
印　　　张：	6.5
字　　　数：	124 千字
书　　　号：	ISBN 978-7-5207-3459-2
定　　　价：	50.00 元
发行电话：	(010) 85924663　85924644　85924641

版权所有，违者必究
如有印装质量问题，我社负责调换，请拨打电话：(010) 85924602　85924603

目 录

序 | 05

第 I 章 一个新的开始 | 001

一个新的开始 | 002

重返1978 | 009

"敢为人先" | 012

开启中国市场大门 | 017

铩羽而归 | 021

一个叫"亮"的日本新生儿 | 026

第 II 章 中国破茧（1990—1999年）| 029

先行者 | 035

"三国五方" | 039

得中原者得天下 | 042

南京项目档案 | 048

第Ⅲ章　史无前例的合资 | 055

　　日产为什么 | 058

　　东风为什么 | 063

　　大重组大支持 | 071

　　艰难的谈判 | 077

　　东风有限"六宗最" | 082

第Ⅳ章　学习与融合 | 089

　　魔鬼在哪里 | 091

　　第一个中期事业计划 | 098

　　又一个中村 | 103

　　最严峻的一年 | 111

　　一手托销量，一手托利润 | 115

　　透明、尊重和信任 | 123

　　全价值链协同 | 128

第Ⅴ章　不止中国 | 135

　　零部件出口坐二望一 | 139

电驱化的未来 | 147

拥抱中国消费者需求的设计 | 152

万丈高楼平地起 | 160

授人以鱼,不如授人以渔 | 165

第VI章 激荡新十年 | 173

日产汽车重新站在了起跑线上 | 177

临危受命 | 181

"30 天报告" | 185

中国新图景 | 188

后记 | 193

以诚相待,共同奋斗,才能成为一生的朋友 | 193

序

葛帮宁女士十多年来，一直致力于汽车领域的非虚构写作，悉心钩沉中国汽车行业发展史和中国汽车人口述史，她以"专业、深度、独特、真实"为原则，用文学的优雅和治史的严谨，撰写了一系列广受好评的著作。这本《日产汽车在中国》是她的最新力作，记载了日产汽车在中国一路走来的丰富故事，折射出中国汽车产业开放发展的非凡历程。付梓之际，作为当下东风和日产合资公司中方股东的负责人，我很高兴接受邀请，为葛帮宁女士的新书作序。

汽车是"改变世界的机器"，是先进生产力的重要代表，同时是文明的使者，架起了一座开放合作、友好沟通的桥梁，增进了相互理解和友谊。中日两国在经贸、科技、人文等领域不断深化交流合作，汽车产业发挥了重要的作用。两国汽车企业不断拓展合作深度和广度，巩固扩大合作成果，共同促进了两国经济社会的发展。

在这个过程中，东风公司与日本汽车企业建立了广泛、深入而友好的合作关系。其中，东风与日产的全面合作已经走过了20年的历程，凝结着历届双方股东领导团队及合资企业经营团队的共同努力与付出。本世纪初，在汽车产业全球化发展的时代浪潮中，东风公司积极参与国际竞争，努力打造面向世界发展的国际化汽车企业。2002年9月19日，在北京钓鱼台国宾馆，东风公司与日产汽车签署了50年长期全面合作协议，正式建立面向未来发展、全面的战略合作关系，这对双方企业都具有里程碑意义，对两国汽车产业而言也是一件具有重要意义的大事。2003年6月9日，东风公司与日产汽车携手组建迄今中国最大的汽车合资企业——东风汽车集团有限公司。这是中国首家拥有全系列乘用车及商用车产品、汽车零部件和装备，集汽车设计、研发、采购、生产、销售、售后和出行服务为一体的汽车合资企业，也是日产汽车在海外唯一的全系列合作项目。在合作双方的共同努力下，东风汽车有限公司融合东风和日产优秀的文化与管理DNA，快速发展壮大，市场占有率不断提高，2021年汽车销量达到138万辆，发展中也为中国汽车产业输出了有益的管理经验、合作经验及大批人才，为推动中国汽车产业发展贡献了重要力量。

在东风与日产合作发展的历程中，双方始终秉持理性、平和、耐心、共赢的思维方式，这不仅是过去合作形成的重要共识，也是面向未来长久合作的基础。"理性"是一种尊重，是实现合作发展的前提。在多年合作中，无论双方存在什么差异，都能够理性看待，把握分寸，求同存异，站在共同的立场思考问题，寻求双方合作利益的最大化。"平和"是一种胸怀、一种风度、一种自信。纵然起始条件、资源禀赋等有所不同，对事物发展的认知有所不同，但双方坚持以平和的心态对待彼此，坚持心平气和地坐在一起，开诚布公地交换意见，寻求共同的语言和利益交汇点。"耐心"是坚守，也是一种智慧。东风与日产合作取得的成果，是持之以恒积累，长期携手奋斗的结果。尤其是面对挑战之时，能够保持耐心，踏踏实实，一步一个脚印，谋求稳健的发展。"共赢"是合作的基本原则，也是合作的出发点和落脚点，只有共赢才能实现"1+1＞2"的合作效果。相信只要秉持理性、平和、耐心、共赢的思路，东风与日产的合作定会臻于和悦的境界，日产在中国也将有更好发展，也必将为推动两国交流合作，增进两国人民福祉做出新的更大贡献。

当前，新一轮科技革命和产业变革正在全球范围内蓬勃兴起，汽车颠覆性技术和新商业模式不断涌现，产业加快向轻量化、电动化、智能化、网联化和共享化的方向发展，产品形态、出行模式、消费结构正在发生前所未有的改变。新的历史机遇，为中日两国汽车企业深化开放合作提供了广阔的空间。同时，中国汽车市场也出现了一些新的发展趋势，合资企业竞争格局深刻变化，坚持扩大开放、真诚合作，提升合作水平，推动合作行稳致远、合作双方共赢发展，是共同面对的新课题。

我本人深感荣幸的是，在职业生涯中，亲历了中国汽车产业开放发展的历程。在中国一汽工作时，我曾与日产汽车有过交流，"技术日产"、日产生产方式等都给我留下了难忘的印象。到东风公司工作后，参与了合资公司后8年的工作，我有了近距离学习的机会，与合作伙伴一起，共同致力于推动东风与日产合资事业的可持续健康发展。读了这本书,也是对东风日产合资合作全过程的了解和学习。我这里所写的,只是一个时段亲历者的感受和思考,相信读者在阅读本书的过程中,一定能得到更多的收获。

是为序。

东风汽车集团有限公司原董事长、党委书记

竺延风

第Ⅰ章

一个新的开始

一个新的开始

1978年10月24日下午,日本东京郊外,神奈川县日产汽车座间(ZAMA)工厂,一群身着天蓝色工作服的青年男女站在门口,挥动着手中的中日两国国旗,列队欢迎来自中国的特殊客人——中国国务院副总理邓小平和其夫人卓琳、外交部部长黄华、驻日大使符浩等一行。

邓小平此次东渡扶桑意义重大。他是应日本政府邀请,为交换《中日和平友好条约》批准书而率团访问,也是新中国成立后首位访问日本的国家领导人。除此之外,他此行的另一个目的是"向日本请教学习",探寻战后日本经济迅速崛起之谜,"带回日本发展科学技术的先进经验"。

在为期8天的正式友好访问期间,在结束一系列政治日程后,邓小平还与日本经济界人士进行广泛接触,视察了3家日本企业的工厂,分别是日产汽车的座间工厂、新日本制铁的君津钢铁厂和松下电器产业的茨木工厂,还乘坐了新干线列车从东京到京都。

根据新华社报道以及日产汽车内部刊物和录像资料的记载:中国副总理邓小平和夫人、外交部部长黄华、驻日大使符浩等一行共65人,于10月24日下午视察了座间工厂。日产公司董事长川又克二、总经理石原俊等相关董事接待来访。一

第一章 | 一个新的开始

原日产汽车首席运营官 志贺俊之

行人乘坐电动汽车,参观了第三车体车间和第二装配车间。客人对于先进的机器人焊接生产线表现出惊讶和兴趣。在组装工厂,客人就零件提供、女性职工、工资等问题进行了详细、风趣的询问。

座间工厂于 1964 年 12 月建成并投入运营,工厂地形狭长,南北长 2.5 千米,东西宽 400—500 米。其车体工厂曾是日本自动化程度最高的工厂,自动化程度达到 96%,48 个机器人有条不紊地焊接车体。

"机器人入驻车体组装车间,对今天的汽车制造商来说,早已不是什么新鲜事,但在当时,这是引领世界的一流汽车企业装备。比如在焊装车间,由机器人手臂把汽车铁板焊接到一起,(座间工厂)最先引进的这条焊接生产线非常罕见。"日产汽车原首席运营官志贺俊之回忆道。

志贺俊之为人温和谦逊,他出生于日本西部、大阪以南的和歌山县。其父亲供职于当地一家日产汽车经销商,因此,他自小就浸润在日产和汽车的世界里且无比欢喜,小时候经常跟小伙伴们说,长大后要到日产工作。

梦想随后成真。1976年,志贺俊之从大阪府立大学经济系毕业,随即加入日产汽车。彼时,日产汽车与丰田汽车的规模不相上下。在海外出口方面,日产汽车略胜一筹,而在日本本土市场,丰田汽车则稍领风骚。综合而言,两家汽车企业基本比肩而行。20世纪90年代初期,受日本泡沫经济影响,日产汽车举步维艰,日产复兴计划应时应势而生,志贺俊之等一批有识之士在其中发挥了重要作用。

邓小平副总理参观座间工厂时,志贺俊之加入日产汽车才两年。他后来通过其他渠道获知,因为工人对这些日产机器的喜爱和珍贵,还给机器人们取了名字,且大多用人们熟知的日本歌手名字命名,有的叫"百惠"(山口百惠),有的叫"淳子"(樱田淳子),有时机器人操作出现问题,工厂里的工人们就会叫着它的名字调侃,诸如"百惠不高兴了"之类的,他们把这样的趣闻向邓小平副总理一行也作了介绍。

中国客人们对机器人操作的自动化焊接生产线表现出浓厚的兴趣。看着一辆辆崭新的日产汽车驶下生产线,看着年轻的工人们井井有条地工作着,他们仔细询问了如何教育培养年轻人,以及零部件提供、女性职工和工资待遇等情况。

当了解到这里月生产中小型轿车达 4.4 万辆时——这个数字相当于当时中国第一汽车制造厂（简称一汽）月产量的 99 倍，邓小平深有感触地说："来到这里，我知道了什么是现代化。欢迎工业发达国家，特别是日本产业界的朋友们与中国现代化进行合作。"

应日本朋友的提议，邓小平挥笔在日产汽车纪念册上题词："向伟大、勤劳、勇敢、智慧的日本人民学习、致敬。"其夫人卓琳也题词留念。作为访问纪念，日产汽车赠送给中方一辆总统牌（Nissan President）轿车，中国方面赠送对方一幅著名画家吴作人的水墨画《熊猫》。

中方赠送日产汽车的吴作人水墨画《熊猫》

41 年后，尽管座间工厂因日产汽车结构调整已不再使用，成为展览日产汽车历史的座间纪念馆，但历久弥新的题词和憨态可掬的《熊猫》，则一直作为珍宝被日产汽车珍藏。

作为中国改革年代具有象征意义的历史事件，邓小平访问团备受日本舆论界关注。东京各大报纸分别发表社论或评论，有的还推出特刊，电视台从早到晚安排特别节目，详细报道访问团的每日行程。

正在日本研修的中国机械工程学会汽车实习团（简称汽车实习团）迅速感受到这股舆论热潮。这个汽车实习团由一汽厂17位专业管理干部和3位翻译组成，他们自1978年5月20日至11月6日，用半年时间对日本主要汽车工业公司进行全面考察和实习式研修。

"当时日本报纸、电视台都是邓小平同志访日的消息，我们每天都能在电视上看到访问情况。邓小平同志参观了日产（汽车），没去丰田（汽车）参观。我们到丰田实习时，接待我们的先生还提起，对邓小平同志没能访问丰田感到十分惋惜。"汽车实习团成员、时任一汽财务处处长盛靖在回忆文章中写道。

这次研修源于1977年夏天。日本自动车工业协会及日本国际贸促会组织日本汽车大型代表团，由三菱汽车公司社长久保富夫率领赴华，考察中国汽车工业，历时一个月。机械部汽车局安排时任一汽副厂长兼总工程师李刚全程陪同。此过程中，经李刚向一汽领导班子建议，并与日方代表协商，希望派出一个中方代表团对日本汽车工业进行回访。此想法得到机械部支持，报请中央获批后成行。

汽车实习团主要任务有二。一是，系统全面地学习日本汽车工业的生产和管理技术；二是，为三十年一贯制的一汽工厂改造和产品换型作准备。

半年的研修期分为两部分。前一个月对日本十大汽车公司，包括日产汽车、日野汽车、三菱汽车、东洋工业、大发汽车、本田汽车、丰田汽车、日产柴、富士重工、五十铃进行认识性参观，全面了解日本汽车工业概况。当参观到日产汽车时，汽车实习团考察了相模原零件中心、日署制动器工厂、松山喷油嘴工厂、日本发条横滨工厂、藤泽油封工厂、缓漱车轮厂和藤泽冲压工厂。后五个月相继在三菱汽车、五十铃、日产柴、日野汽车和丰田汽车五个汽车公司，带着题目开展针对性实习。

这次赴日研修的最重要成果之一，是为一汽20世纪90年代初推行精准生产方式打下了坚实的基础，当然这是后话。历史往往充满巧合与偶然，或许正是因为这次史无前例的赴日研修结下了硕果，20世纪80年代日产汽车通过综合性技术与贸易项目，获得向中国出口1万辆卡车的订单，其前提条件是进行部分技术许可和转让。这部分卡车技术通过中国汽车工业公司（简称中汽公司）转给一汽，一汽由此成为日产汽车进入中国的第一家合作伙伴，双方还曾在技术贸易谈判基础上探讨过合资建厂事宜。

美籍华裔历史学家黄仁宇创造性地提出"大历史观"研究视角，主张"从技术的角度看待历史"。他在其代表著作《万历十五年》中这样描述1587年："当年，在我国的朝廷上发生了若干为历史学家所易于忽视的事件。这些事件，表面看来虽似末端小节，但实质上却是以前发生大事的症结，也是将在以后掀起波澜的机缘。其间因果关系,恰为历史的重点。"

某种程度上,1978年发生的这些偶然与必然事件,正是这种大历史观研究视角下延伸出来的橄榄枝,其中有一条橄榄枝来自湖北十堰的二汽(东风公司前身)。让人意料不到的是,多年之后,这种偶然因素竟会成为日产汽车与东风公司走到一起的缘起。

现在,让我们回到1978年。

第一章 | 一个新的开始

重返1978

1978年是一个新局的开始。

万象更新的新时代气息从年初就开始弥漫,在2月24日至3月8日召开的中国人民政治协商会议第五届全国委员会第一次会议上,邓小平当选为政协主席。这是一个象征,时代大潮涌动,中国开始以全新姿态拥抱世界。

1978年8月12日,《中日和平友好条约》在北京签订,这是继1972年9月中日联合声明发表、中日两国邦交正常化以来,两国关系史上又一新的里程碑。按照国际惯例,条约批准书的互换仪式要在日本进行。10月22日,邓小平出访日本之际,他身后的中国正在掀起一场关于"真理标准问题大讨论"的热潮。

在中国国内,较早展开"真理标准问题大讨论"的是一家偏隅山城十堰的汽车公司——二汽。时任二汽厂长黄正夏曾在采访中回忆,1978年5月11日,当《光明日报》以特约评论员名义全文刊载《实践是检验真理的唯一标准》文章时,尚未引起外界太多关注。但一天后,当《人民日报》《解放军报》又全文转载这篇文章时,立即引起他的高度重视。"《人民日报》向来不转载其他报纸的文章,尤其还是全文转载,这很不简单,要认真研究。"他说。

二汽开始认真研究此篇文章。6月20日，二汽党委常委召开会议，结合文章和邓小平的讲话精神，讨论学习《实践是检验真理的唯一标准》的感想。黄正夏在会上表态："这是一篇好文章，值得我们高度重视……我代表党委向全体干部公开表态，动员全厂党员认真学习这篇文章，统一思想认识。"

　　邓小平率团访日成为中国走向改革开放的契机。"当时我们就听说邓小平副总理参观完这个车间（日产座间工厂装备先进机器人的车体车间）后，深受震撼……我想这也是1978年12月之后，中国开启改革开放时代的契机吧。"志贺俊之总结道。

　　同年12月18日，具有深远意义的十一届三中全会召开，会议高度评价关于《实践是检验真理的唯一标准》问题的讨论，作出把党和国家工作重心转移到经济建设上来、实行改革开放的历史性决策。新时代的大门轰然洞开，中国开始了激动人心的改革开放实践，邓小平因此被喻为中国改革开放的总设计师。

　　他的照片被刊登在1979年第一期美国《时代》周刊的封面上。这家颇具国际影响力的媒体将其评为"年度人物"（Man Of The Year），并用48页宏大叙事篇章介绍这位年度人物和打开改革开放大门的中国。在开篇文章《新中国的梦想家》（*Visionary of a New China*）中，作者颇有感触地写道："一个崭新中国的梦想者——邓小平向世界打开了中央之国的大门，这是人类历史上气势恢宏、绝无仅有的一个壮举。"

　　这就是1978年，改革开放的春风吹拂着渴望改变的中国大地。万物生长，欣欣向荣，一个闭关锁国的时代宣告结束，一个崭新开放的时代就此开启。这一年，看似不经意间伸出的两条橄榄枝，一条是邓小平访问日本时，位居日本汽车工业第二名的日产汽车；一条是抢先进行真理标准大讨论的中国二汽。两条橄榄枝竟会在 20 多年后破土新生，结成创纪录的合作之盟，的确是世事难料。

"敢为人先"

难料的岂止世事,还有充满跌宕的日产汽车成长历程。日产汽车全名为日产自动车株式会社(英文为 Nissan Motor Co., Ltd.)。其中,NISSAN 为日文汉字"日产"两字的罗马音拼写形式。

1933 年 12 月 26 日,当这家由日本产业公司、户畑铸物株式会社以 1000 万日元资本注册的汽车制造公司在日本横滨成立时,53 岁的创始人鲇川义介剑走偏锋,与丰田汽车、三菱汽车等大多数企业以家族姓氏命名,旨在谋求家族利益最大化不同,他赋予日产汽车要为社会发展作出贡献,而非只为一个私人实体带来利益的经营理念。

1880 年,鲇川义介出生在日本山口县,1903 年毕业于东京帝国大学(现在的东京大学)机械科,29 岁时在九州设立户畑铸物株式会社。汽车制造公司成立次年,即 1934 年 6 月,便更名为日产自动车株式会社,主要生产销售各种汽车和汽车零部件。

日产汽车一成立,鲇川义介便提出"敢为人先(Do what others don't dare to do)"——这句话连同激情、创新、挑战等关键词一起,被定义为日产(NISSAN)品牌精神。此后经年,不管岁月如何更迭,日产汽车亦几经起伏,但其品牌精髓与内涵却从未有过更改。

规模化是日产汽车运作的第二步棋。1934年,日产汽车在横滨建立日本最大汽车工厂。1936年,日产汽车"DATSUN"(达特桑)在该工厂的年产量就达到了6163辆。而在日产汽车创业前一年的1932年,当时日本汽车的总产量不过900辆。建立一个产能规模超过市场规模逾10倍的汽车工厂,这一貌似疯狂的举措很快奏效——日产汽车借此降低生产成本与汽车价格,实现"让每家人有辆车"的美好愿景。横滨工厂投产的那年,成立仅两年的日产汽车便一举超越已成立63年的三菱重工,成为当时日本最大汽车品牌。

日产汽车运作的第三步棋是国际化。创立伊始,日产汽车便把世界当作舞台。1934年6月,44辆DATSUN出口到亚洲和中南美洲,这是日本第一款出口车型,标志着日本汽车工业国际化征程的开端。"DATSUN"前三个字母"DAT"是为了向三位日产汽车前身的出资人表达敬意,采用了三人名字的首字母组成:田健治郎(Den Kenjiro)、青山禄郎(Aoyama Rokuro)、竹内明太郎(Takeuchi Meitaro),并且还有行动敏捷的"脱兔"之意。在出口汽车上打上"脱兔"徽标,颇有精美豪华之气,令人对其品质印象深刻。1935年,日产汽车产量增加到3800辆——DATSUN轿车和载重车出口到东南亚、南美和大洋洲等国家和地区。

1945年,第二次世界大战结束,横滨工厂大部分被美军接收,生产设备转移到其他工厂。当年年底,日产汽车重新制订生产计划,但在被占领的条件下,因受材料和资金等各方面限制,恢复生产用了较长时间。

屋漏偏逢连夜雨。1949年,日产汽车刚恢复轿车生产,重新启用日产和DATSUN的名称,却又与日本经济萧条不期而遇,日本各种企业均出现经营困难的情况。为改善被动局面,日产汽车一方面对产品进行多种改进,一方面扩大产品品种,以此发展生产。

发展柴油机是路径之一。1950年,日产汽车与民生工业公司(后来的日产柴油机工业)合作,重新开始生产DATSUN牌轿车和载重车。1951年,又与新日国工业(后来的日产车体)合作。一年后,日产汽车与英国奥斯汀公司签订轿车制造技术合同,通过吸收对方设计技术和生产技术,使其产品达到国际水平。

1955年至1958年,日产汽车迎来转折点,被美军接收的工厂大部分归还。在此基础上,日产汽车对工厂设备全面改建,同时实行经营合理化,为后来生产体制规模化打下基础。

主要方式有二。其一是,各工厂采用大规模自动生产线,如发动机全部采用自动化加工设备,同步提高产量与质量。其二是,重新布局工厂职能,比如1962年建成的追浜工厂专门生产轿车;将1943年建成的吉原工厂改建为专门生产变速箱和转向系部件;1965年建成的座间工厂主要生产卡车和商用车,横滨工厂则专门生产发动机、车轴和铸锻件部件。

1966年,日产汽车与王子汽车工业合并,位于东京都武藏山市的村山工厂、三鹰市的三鹰工厂以及位于杉并区的开发机构荻洼事业所被纳入日产汽车麾下。村山工厂是从机械加工到汽车装配的综合性工厂，由矩形的生产工厂、椭圆形的试车跑道和梯形办公楼三部分组成。5年后，位于栃木县河内郡上三川町的栃木工厂建成，包括铸造车间、车桥车间和汽车装配车间，工厂周围还建有相同的环形高速试车跑道。

与不断完善生产体制相比，日产汽车用在扩大销售网络乃至海外版图方面的精力并不少。以1971财年为例，日产汽车在日本国内销售汽车96.8万辆，在国外销售汽车63.1万辆，并在21个国家进行当地装配或生产零件。

最具标志性意义的海外业务是挺进欧美。作为汽车工业的发源地和进入门槛最高的市场，欧美历来是汽车制造商们的必争之地。早在20世纪50年代，日产汽车就把目光投向这一市场。1958年1月，在美国洛杉矶车展上，人们第一次看到来自日产汽车的Datsun 1000 Sedan 210车型及其皮卡版。同年6月，这两款车型开始出口美国。此后20年，日产汽车通过出口方式，不断深耕欧美市场。

为便于出口，日产汽车还自制了两艘运载汽车的轮船——追浜丸和座间丸，每艘1.6吨，可运载1200辆汽车。至20世纪70年代，其自制轮船已超过10艘。而在这之前的1967年，日产汽车就已在横滨市本牧购买33万平方米用地，修建专用码头，构建现代化的车检整备设施和编组设施，以及检修设备和仓库。该专用码头可同时靠岸两艘轮船，每月运往各国汽车约6万辆。

立志做一个全球化公司的日产汽车希望更上层楼。自20世纪70年代后期起，它步步为营，从设计、技术、生产、销售等角度全方位布局。

几个重要节点包括：

◆ 1979 年 4 月，在美国成立日产设计公司；
◆ 1980 年 7 月，成立美国日产制造公司；
◆ 1983 年，日产美国工厂投产；
◆ 1984 年 4 月，成立英国日产制造公司；
◆ 1988 年 6 月，成立日产欧洲技术中心公司，次年成立欧洲日产公司（欧洲综合公司）及日产欧洲物流公司；
◆ 1990 年 1 月，成立北美日产公司（美国综合公司）；
◆ 1992 年 11 月，在德国成立日产设计欧洲公司。

经过 20 多年探索与努力，日产汽车终于在高手林立的欧美市场占据一席之地。

这就是早期日产汽车征战疆场的故事。但与欧美发达国家相比，日产汽车选择进入中国市场的方式与时机则要漫长得多。

第一章 | 一个新的开始

开启中国市场大门

日产汽车第一次将业务延伸到一衣带水的中国市场是 1973 年,其重要标志是公爵(Cedric,直译为塞德里克)出口。彼时这家汽车制造商在全球刚刚声名鹊起,而中国这个东方国家对世界来说既陌生又神秘。

在日本汽车工业史上,公爵开启了豪华汽车时代。20 世纪 50 年代末,日产汽车经过充分市场调研后,确定推出一款四门五座中型豪华轿车。当时日本鲜有豪华汽车身影,公爵正好填补了这一市场空白。在为其命名时,日产汽车展露了才华,一种喜闻乐见的说法是 Cedric 源于希腊,有着"统帅"

日产公爵(Cedric)

日产汽车北京事务所原所长茂野富平

或"有经验的士兵"之意。从 1960 年面世到 2004 年停产,日产 Cedric 历经十代 44 年发展,奠定了日系风格的豪华标准。

尽管自 1978 年后,日产汽车对中国的关注度与时俱增,但在相当长一段时间里,日产汽车都没有制定明确而系统的中国战略,日产汽车北京事务所原所长茂野富平对此深有感触。1976 年,茂野富平从东京外国语大学中文专业毕业,应同校西班牙语系一位前辈的邀请,进入日产汽车远东马来西亚及新加坡组。当时这里只设有中国台湾组,而没有中国大陆组。

亚洲市场开拓未受重视,且一直处于赤字状态,因此,日产汽车亚洲部总体比较闲适,管理者基本是从其他企业或领域转岗的外语类人才。在茂野富平印象中,当时日产汽车海外部主要以对美国、英国、墨西哥出口为主,以美国市场利润支撑其他地区的海外业务。

但这并不妨碍他对中国的关注。茂野富平在高中时代痴迷于井上靖（1907—1991 年，日本作家、诗人和社会活动家）的作品，其中，以西域为题材的《敦煌》《楼兰》和以现代题材为背景的《冰壁》，尤其令他向往。大学期间，他加入校登山队，其目标是每年登山 100 天，以穗高岳为代表、有着日本阿尔卑斯之称的山岳，他几乎都攀登过。

茂野富平进入日产汽车的另一个原因是，希望像《冰壁》主人公那样，有足够薪酬能在休息日自由地登山，或者有机会奔赴心中向往的中国大陆。入职初期他负责面向马来西亚的 CKD 业务和新加坡整车订单业务。那还是电传盛行的年代，15 时是电传通信截止的时间，茂野富平每天都要匆忙赶往电传收发室。

马来西亚及新加坡当地的日产销售代理店的负责人均为中国华侨，每年都要到日本进行两三次商谈，每次都是由茂野富平陪同。对一个刚入职场的年轻人而言，这显然是成长锻炼的好机会，茂野富平从中学习到的热情的待客之道，以及如何与合作伙伴建立良好关系，均为其后来管理中国业务奠定了基础。

日产汽车面向中国的战略逐渐成形是在 20 世纪 80 年代。按照志贺俊之的说法，因为中国推出了引进外资的政策，日产汽车开始考虑如何进入这个国家。其间有两个标志性事件：一是 1984 年左右，以当时中国经济特区为主，日产汽车向中国整车出口逐渐增多；二是 1985 年，日产汽车北京办事处成立，开始实质性考虑如何在中国建立合资工厂。

进入 20 世纪 80 年代后，中国市场最蔚为壮观的景象是进口汽车蜂拥而入。究其原因，改革开放以来，中国国内乘用车不足，开始大量进口汽车，其中，最大受益者是地理上跟中国接近的日本汽车制造商。以日产汽车为例，借助"技贸结合"这一政策东风，仅在 1982 年就向中国销售几千辆轻卡。

所谓"技贸结合"，是指将技术贸易同商品贸易相结合的经济形式，是 1984 年 9 月发布的中国对外贸易体制改革三原则之一。主要做法是，将引进技术和进口设备相结合，或在进口设备的同时，引进国内急需的制造技术的贸易形式。

坚持要求进行正式技术转让的丰田汽车放弃了这一次机会，以五十铃、日产汽车、三菱汽车、日野汽车等为代表的汽车制造商则接受了这种合作方式。眼见技术转让协议越来越多，加之向海南岛出口汽车数量也在迅速增长，受天时地利双重因素影响，1984 年 11 月，日产汽车将远东部旗下亚洲业务板块中的中国担当室升级为中国担当部。

中国担当部约有 30 人，下面分为两个团队：一个团队负责整车出口，一个团队负责筹建运营合资工厂。1984 年，志贺俊之带着简单的行李，首次奔赴中国，意欲敲开中国合资大门。

铩羽而归

这时候，海南汽车走私事件突然爆发。

中国财经作家吴晓波在《激荡三十年》中还原了这一事件始末：1984年4月，邓小平南方谈话后，中央决定开放沿海14座城市，毗邻香港和深圳的海南成为开放的重点区域。因之前中国国务院曾批转过《关于加快海南岛开发建设问题讨论纪要》文件，时任海南行政区党委书记、公署主任雷宇打算通过利用中央政策优势，迅速完成原始积累，具体操作方式是进口汽车。

但事情逐渐变得不受控制。日后数据显示，1984年上半年，海南进口汽车2000多辆，至7月，这一数字飙升至1.3万辆，比上半年月平均数高出36倍。另一个令人惊诧的数字是，仅半年时间，全岛便涌出872家公司，且家家都与汽车相关。

狂潮之下，成千上万的日本汽车像潮水般涌进海南岛。直到1985年年初，由中纪委、中央军委等机构组成102人庞大调查组进驻海南，这一事件才宣告结束。尽管如此，当年中国进口整车达到峰值25万辆，其中丰田汽车占据10万辆。1986年，中国加强对整车进口限制管理，大幅提高汽车进口关税。

这的确是一场无度的狂欢。1985年7月，新华社在《严肃处理海南岛大量进口和倒卖汽车等物资的严重违法乱纪》的报道中写道:"海南行政区政府的一些主要领导干部在 1984 年 1 月 1 日至 1985 年 3 月 5 日的一年多时间里,采用炒卖外汇和滥借贷款等错误做法,先后批准进口 8.9 万多辆汽车,已到货 7.9 万辆,还有电视机、录像机、摩托车等大量物资,并进行倒卖。这是我国实行对外开放以来的一个重大事件。"

几大主要日本汽车制造商都饱尝了这种无度之苦,日产汽车概莫能外。茂野富平回忆,仅半年时间,他们就销售了数万辆汽车,但因为各种原因导致不到半年出口就完全停止,已经接单的约 7000 辆汽车成了库存。

这一事件被日本媒体报道为"汽车的坟墓"。为处理这些库存,日产汽车花费了好几年的时间,通过向其他市场转卖,或者通过向中国政府机构的特别采购渠道销售。其带来的后果是,到 20 世纪 90 年代,不管是郑州项目,还是南京项目,日产汽车对中国市场都还有些"过敏"。

尽管有些"过敏",但行动却相当务实。设置中国担当部的同时,日产汽车就同步推进北京事务所[日产(中国)投资有限公司的前身]的开设。1985 年 2 月,北京的初春还有些寒冷,日产汽车首次向中国派遣工作人员,筹建北京事务所。

一个月后,北京事务所成立。办公室设在朝阳区建国门外大街的北京国际俱乐部里。茂野富平作为北京事务所所长助理,长期出差。两年间基本每三个月就要在中日之间往返一次。当时北京事务所只有 3 个人,所长是搞销售出身,另 2 名职员分别负责服务和零部件,工作内容非常繁杂,除了业务领域之外,几乎什么都要做。

刚到中国赴任时，住宿只能安排在北京事务所的一个房间里。有一天去拜访客户，茂野富平无意中提起了住宿一事，对方立即把他们安排到了从北京事务所可步行到达的北京饭店，而且当天即入住。彼时能够入住北京饭店是非常不容易的。茂野富平惊讶于需要通过熟人才能办事，并对此留下了深刻的印象，也对中国国情有了进一步了解。

时值1984年岁末和1985年年初，日产汽车的中国业务迎来一个新机遇——通过技贸结合方式，获得向中国出口1万辆卡车的订单，前提条件是转让部分卡车知识产权。

中国一汽成为日产汽车在华的第一家合作伙伴。根据技贸合作条件，日产汽车提供卡车图纸，中汽公司将其转给中国一汽，后者根据日产汽车提供的图纸生产卡车。据中国一汽年鉴记载，1986年12月，日产汽车向一汽转让ATLAS双排驾驶室制造技术；1988年3月，向一汽转让CARAVAN车身技术。

而立之年的志贺俊之出差来到北京，开始其人生首次赴华之旅。20世纪80年代的中国交通极其不便，从北京站到长春站，乘坐蒸汽火车约需23个小时。为把卡车图纸提供给一汽，这样的往返，他至少经历过10次。

此过程中，日产汽车和这个中国最大汽车厂结下了缘分，双方在技贸合作基础上进一步探讨合资建厂事宜。但是很遗憾，当时的日产汽车经营每况愈下，中国业务连带受到影响。1985年，中国一汽开始与德国大众汽车集团开展合作谈判。1991年，中国第一个按照经济规模起步建设的合资乘用车企业一汽-大众成立。30年后，一汽-大众成为中国乘用车合资企业标杆——

拥有五大生产基地、生产三大品牌 30 多款产品、累计用户达 2200 万。

被中国一汽拒绝后,日产汽车开始寻找其他合作伙伴。因前期相处甚欢,中国一汽的朋友私下告诉志贺俊之,如果日产汽车真想与中国汽车企业合资建厂,还有一个候选者,那就是二汽。

1986 年,日产汽车专程奔赴湖北十堰,与二汽进行谈判,当时二汽厂长是陈清泰。陈清泰,1939 年出生,1962 年毕业于清华大学动力系汽车专业,毕业后曾留校任教 6 年。1970 年,他申请调入二汽,1984 年,开始担任二汽厂长。1993 年,调任中国国家经济贸易委员会副主任。1998 年至 2008 年,担任中国国务院发展研究中心党组书记、副主任,分工负责产业经济研究部。2014 年 5 月 5 日,中国电动汽车百人会在前副总理李岚清的支持下成立,陈清泰担任理事长,自此成为蓬勃发展的新能源汽车倡导者。

但被日产汽车寄予厚望的合资计划在二汽面前亦未如愿。1985 年,因为"广场协议"(Plaza Accord,1985 年 9 月 22 日,美国、日本、联邦德国、法国以及英国的财政部部长和中央银行行长,在纽约广场饭店举行会议,达成五国政府联合干预外汇市场,诱导美元对主要货币的汇率有秩序地贬值,以解决美国巨额贸易赤字问题的协议),日元一夜之间大幅升值,日本国内泡沫急剧扩大。1986 年,日产汽车经营出现赤字,不得不终止与二汽的合作谈判。

二汽则将轿车合作的橄榄枝递给了雪铁龙汽车公司。据二汽史料记载，1987至1988年两年间，二汽分别派出11个代表团，对5个国家14个轿车生产企业进行接触，同时接受48个外国企业代表团的考察。通过对比和相互选择，仅剩下三个方案：一是与日本富士重工、美国通用汽车三方合作；二是与雷诺公司合作；三是与雪铁龙汽车公司合作。最终，雪铁龙汽车公司胜出。

受制于自身经营恶化，日产汽车的中国业务空白期延续了整个20世纪90年代，直至2000年与东风公司重拾前缘。"但我们还是做了些小项目，比如出资建设郑州日产，向南京方面提供技术支持等，但没能在中国启动大型合资项目。"志贺俊之补充道。

一个叫"亮"的日本新生儿

从 1984 年到 1986 年，志贺俊之在中国工作了 3 年。这段经历既是一个开始，也是一个契机——他跟东风公司结下了深厚的情谊。十年后，人们将看到这段情谊，如何在那场不可复制的中国最大最全面合资企业成立过程中，得到淋漓尽致的体现。

回到当初，3 年里志贺俊之走访过中国很多城市，包括长春、沈阳、西安、十堰和武汉等。随着走访的城市越来越多，他也越来越喜欢中国，开始关注中国的历史。他喜欢阅读中国史书，如司马迁的《史记》，还读过很多日文版中国史书。这些历史书籍中，志贺俊之最喜欢《三国志》，三国的故事几乎都印在他的脑海里。

志贺俊之将东风公司称为"很熟悉的亲密伙伴"。一个颇有意思的插曲是，东风公司的生产基地分布在湖北的武汉、襄阳和十堰等城市，这些地方也是三国故事中的舞台。1986 年，当志贺俊之的小儿子出生时，就给他取名为"亮太"，他笑着说道："这个'亮'字，就来自诸葛亮的'亮'。"

中国项目受挫后，1987 年，志贺俊之开始参与日产汽车东南亚项目，1991 年，被派驻到印度尼西亚首都雅加达，6 年后回到日本，又立即投身于"日产复兴计划"中。2000 年，志贺俊之晋升为日产汽车常务执行董事,成为包括中国在内的亚洲地区总负责人。其后,在日产汽车与东风公司合作谈判中,他被委以重任,为合资合作立下汗马功劳。

"1996年左右,我不在中国,当时日产汽车已经开始与二汽合作。2000年,我再回到中国,时隔十几年回归中国业务时,合作伙伴又是东风公司,深感缘分之殊胜,"志贺俊之感慨道,"我们认定日产汽车的伙伴只有东风,而无他。"自2005年起,志贺俊之开始担任日产汽车代表董事,同时成为日产汽车董事会成员。2013年,他成为董事会副主席,2019年结束任期。

而在外部,宏观局势一直在快速变化。

海南汽车走私事件后,中国开始加强对整车进口限制管理,日本汽车对华出口大幅下降,日本汽车制造商开始重新考虑中国政策。1985年,丰田汽车向中国国家经济委员会(现在的国家发展和改革委员会)提交"中日汽车共同研究"提案。中日双方花费一年时间进行探讨,认为中国有必要明确像日本《汽车振兴法》这样的产业战略和政策。某种程度上,这次研讨对20世纪80年代后期中国明确提出"三大三小两微"轿车生产布局战略,以及1994年中国制定第一版《汽车工业产业政策》产生了一定影响。

1986年,中国汽车工业代表团赴日考察,就中国今后小轿车生产的发展问题,分别与日本财界、金融界、民间研究机构、社会知名学者及日本通产省等经济官僚广泛交换意见。中国汽车工业公司在《汽车工业情况反映》第十五期(1986年7月3

日）中记录了日本各界人士对我国发展轿车生产的反映情况。

时任日本汽车工业会会长、日产汽车董事长石原俊认为，对于今后的世界汽车工业来说，中国是其他任何地区难以取代的最大的市场，中国汽车工业的发展前景十分广阔。正确地发展汽车工业是中国使整个工业水平赶上工业发达国家最快的捷径，中国经济发展已经到了应当认真抓好汽车工业，使之作为一个真正像样的产业登上国家经济舞台的时期。他还强调，只要汽车性能好就能出口，而高质量的好车关键取决于优秀的原材料和零部件的生产。

1991年，茂野富平被任命为日产汽车北京事务所第三任所长。至1997年结束任期回到日本，他在北京度过了约7年时光，经历了郑州项目、南京项目以及裕隆项目，是日产汽车开拓中国业务的前期见证者和参与者。

一年后，日产开始与中信集团接洽，郑州项目由此拉开序幕。只是当时谁也没有想到，这个项目竟然如此曲折跌宕。

第 II 章

中国破茧
(1990—1999 年)

1992年，中日邦交正常化第20年，两国关系进入新的时代。这一年，有两件被永久载入史册的里程碑事件。

其一是，当年年初，以邓小平第二次南方视察为契机，中国改革开放步伐进一步加快。是年9月，第十四届党代会确立建设社会主义市场经济的目标。此后，中国的经济成长与世界经济一体化之间互相促进。尽管同时期日本经济陷入停滞，但中日经济关系得到长足发展。

其二是，同年10月23日，日本明仁天皇和美智子皇后对中国进行为期6天的友好访问，这在历代天皇中尚属首次。

自1978年10月，中国国家副主席邓小平首次访问日本，历时14年后，明仁天皇和美智子皇后踏上具有悠久历史的中国大地。中日两国元首互访，这在战后很长一段时间内对两国人民来说都难以想象，这是两国各种友好力量长期相向而行的结果。

作为日本产业代表的日产汽车，自1973年向中国出口第一辆公爵轿车起，此后数年都有数量规模不等的NISSAN品牌出口到中国，亦成为两国经贸关系中的重要部分。

如果说20世纪80年代是中国汽车工业拨乱反正、重新拥抱世界的10年，那么，20世纪90年代就是中国汽车蓄积力量、准备腾飞的10年。以1980年、1990年和1995年这三年为例，中国汽车产量分别为22万辆、51万辆和145万辆。从1980年到1990年这10年，中国汽车年产量只增加30万辆，而1990年刚过去5年，中国汽车年产量就已经增加100万辆。中国汽车规模就像滚雪球似的越滚越大，并且势不可当。

第二章 | 中国破茧（1990—1999 年）

中国汽车前景可期，但同一时期日产汽车在中国所走的道路却有些崎岖。1993 年，日产汽车迈出实质性一步，成立合资公司郑州日产生产皮卡，虽然只占 5% 股份，但日产品牌总算开始了和中国本土制造艰难融合的破冰之旅。20 世纪 90 年代中期，日产汽车和当时的跃进汽车集团探讨乘用车合作事宜，谈判历时两年，双方耗费大量精力，项目最终流产。

好不容易等到 20 世纪 90 年代末，日产汽车与京安云豹签订蓝鸟技术许可协议，其后衍生出的风神汽车最终促成日产汽车与东风公司的"世纪联姻"。在中国市场起承转合多年之后，世纪之交的日产汽车终于开始布局一幅更大的画卷。

日产汽车在中国遇到的问题，固然部分归咎于政策和市场变化带来的不确定性，但另一方面，也因为其对中国市场持观望和试探心态。而且不独日产汽车，当时主要日系汽车企业如丰田汽车、本田汽车等都对中国持观望态度。和日系企业踟蹰不前形成鲜明对比的是，欧美汽车制造商对中国市场的热切布局。

这种说法得到西林隆的认同。他表示，日产汽车通常将中国市场划分为 20 世纪 80 年代和 20 世纪 90 年代。20 世纪 80 年代前，中国汽车市场呈未开放状态，主要就是一些卡车进口。1985 年，上海大众（现在的上汽大众）成立是跨国公司乘用车进入中国市场的标志性事件。20 世纪 90 年代，中国汽车市场迎来开放性政策，同时迎来合资高峰期：1991 年是一汽-大众、1992 年是神龙公司、1993 年是长安铃木、1997 年是上汽通用、1998 年是广汽本田……2002 年是一汽丰田。

日产汽车原副总裁
日产（中国）投资有限公司原总经理西林隆

    1979年，西林隆从日本早稻田大学商学部毕业，因为对汽车和海外事业感兴趣，且认定汽车会在全球经济中占据重要地位，便选择加入日产汽车。1994年，担任亚洲与大洋洲事业部经理；自2001年起，担任中国事业部高级经理、一般性海外市场中国事业部总经理、日产汽车中国事业部总经理；2011年，担任日产汽车副总裁、中国事业部本部长、日产（中国）投资有限公司董事总经理；自2021年起，担任日产（中国）投资有限公司副董事长。

    20世纪90年代，以日产汽车和丰田汽车为代表，参与"中日汽车共同研究"项目。该项目由中央人民政府国家计划委员会（现在的中国国家发展和改革委员会）主导，研究年产20万辆经济型乘用车所需工厂规模以及投资。志贺俊之参与了此项目，项目组做出建议书，提交给国家计划委员会参考。

日产汽车高层对中国市场的态度，可从1995年年底媒体对时任社长辻义文的一次访谈中窥见一斑。当时记者问他："目前中国是世界公认最具潜力的汽车市场，但在进入中国市场的脚步上，日本企业似乎远远落后于欧美企业，日产汽车在这方面是否有比较积极的计划？"

辻义文回答道："我认为中国政府的各种政策并不稳定，其他日本企业也有相同感觉。中国汽车市场到底有多大、如何经营，各汽车企业都还在观望中。"

"根据中国主管汽车工业官员的说法，当初欧洲企业在需求数量不多的情况下，也愿意引进汽车在中国生产销售，日本企业要等到需求量到一定程度才愿意，是否会因此丧失市场先机？"记者继续问道。

辻义文没有对欧美企业和日本企业在中国战略上的差异进行解释，他表达了日本企业一贯的谨慎态度："人口越多市场一定越大，因此到2010年或2020年，中国汽车市场一定会相当蓬勃。但中国政府对汽车产业发展的策略一直不够明确，站在投资者立场，在这样的情况下贸然进入，其风险性相当高。"

媒体再次追问："在欧美汽车市场日趋饱和的今天，中国大陆是一个相当值得考虑的市场，日产汽车是否有更进一步的想法？"

辻义文的答案是："目前年销量千万辆的市场只有美国、

欧洲和日本，中国大陆是未来最有潜力的市场。事实上，各国汽车企业都在深切了解这一事实，都希望早日进入，但就像前面所提政策未明，大家只能持观望态度。"

追问者无功而返。辻义文承认中国大陆是最有潜力的市场，认为2010年或2020年中国市场一定会相当蓬勃，但是谁都没有想到，2010年中国汽车产销量居然会蓬勃到全球第一的位置。只不过远水解不了近渴，当时日产汽车的头等大事是扭转经营困境——从1992年到1999年这8年间，日产汽车有7年处于亏损状态。

这也从侧面印证了西林隆的说法。"日本汽车企业从20世纪80年代开始向美国出口整车业务，日美贸易摩擦日趋表面化，所以，这一时期完全没有进入中国市场。"他解释道，在全球多元化贸易格局下，日本投资界开始关注地理位置上更近的中国市场。"20世纪90年代跨国公司来华投资掀起浪潮，我们开始探讨大规模在华投资，第一个乘用车项目就是南京项目。"

西林隆的中国事业始于1990年，在北京事务所负责整车保修和零部件业务，但未直接参与郑州日产项目。3年后他返回日本，当年4月南京项目开始，他是核心成员之一。

第二章 | 中国破茧（1990—1999 年）

先行者

与那些具有恢宏叙事篇章的合资企业不同，郑州日产的成长历程更像一场因缘际会的探索苦旅。

1990 年，西林隆被派驻北京事务所，这是他第一次来中国。北京事务所设在中国大饭店，所长是茂野富平，有员工十来人。当时周边什么都没有，嘉里中心还是一片空地，国贸公寓后面是工厂和荒地。初来乍到，有两件事给西林隆留下深刻印象：一是路上汽车很少，满大街都是自行车，大家都穿着中山装。二是工作期间午餐可以喝白酒，而且在酒桌上谈判价格。

外商云集的中国大饭店和浩浩荡荡的自行车洪流，勾画了一幅中国向现代文明转型的奇异图卷。当时北京事务所的主要工作就是，围绕每年数百辆出租车和政府用车，挖掘这些整车订单业务，拜访政府机关的购买窗口，比如中国汽车贸易公司、国务院机关事务管理局、中国机械进出口公司、中信集团以及公安部等，或者出差去以深圳、广州、上海等地为中心的地方贸易公司。

茂野富平回忆道："通过与相关方的沟通，接触并了解了中国进口许可制度、技术引进政策动向等情况。通过这些活动与相关机构建立了联系，构筑的人脉关系对接下来的工作起到了很大的作用。"

其中，有一个人对郑州日产项目起到关键作用，他就是时任中国国际信托投资公司（现中国中信集团有限公司，简称中信集团）常务副总经理王军（2019年6月因病逝世，享年78岁），于1993年升任总经理。王军是国家原副主席王震之子，也是继荣毅仁、魏鸣一之后第三任董事长。据媒体报道，王军乐于挑战，语调不高，但思路清晰，且一直保持旺盛精力。

茂野富平担任北京事务所所长一年后，针对在郑州制造皮卡的项目计划，中信集团开始与日产汽车北京事务所进行接洽。该项目背景是，泰国三友机器制造有限公司（简称泰国三友，SAMMITRA）向郑州轻型汽车制造厂（简称郑州轻汽）提出了制造皮卡的合作意向。

泰国三友是一家专门从事汽车车身模具和组装设备业务的公司，在东南亚颇具影响力。中信集团和泰国三友很早就有业务往来，1987年，两家成立信友机械有限公司。王军看好郑州项目，积极推动合作，通过中信集团下属汽车采购部门以及主要负责向全国出租车公司提供租车服务的部门，与日产汽车北京事务所接洽。

郑州轻汽由来已久，其前身是1948年成立的郑州汽车制造厂，曾生产出河南省第一辆汽车。20世纪80年代，它被二汽纳入麾下，更名为东风汽车联营公司郑州汽车制造厂。按照河南省政府和二汽的约定，双方将逐步解决二汽和郑州轻汽的合并问题。

从事后发展情况判断，当年二汽的确拿出了合作诚意。

第二章 中国破茧（1990—1999年）

1988年8月，郑州轻汽三吨车扩建工程在郑州市中牟县启动，项目总投资2.9亿元，设计产能1万辆。3年后，其首辆郑州东风轻型车下线，1992年年末，完成组装3000辆。

郑州轻汽迎来第一次发展机遇。同时期，它还与清华大学联手开发亚洲面包——一款6—8米的中型客车，也曾在市场上火过一阵。但随着宇通客车、少林客车和江浙一带客车制造商在低成本方面发力，亚洲面包逐渐失去竞争力。

最终，将郑州轻汽纳入二汽的计划并未如愿，这极可能与中信集团涉入有关，也可能与当时政府和企业领导的商业计谋有关。结果是二汽中断与郑州轻汽的一切合作。

身陷困境的郑州轻汽很快迎来第二次发展机遇。1990年，河南省计划经济委员会召开专题会议，论证以郑州轻汽为主导，多方合资生产NISSAN轻型商用车项目可行性。作为当时河南为数不多的汽车制造企业，该合资项目承载着河南做大汽车产业的梦想。

在茂野富平看来，这个项目很可能会被日产总部否决，但考虑到与中信集团保持良好关系的重要性，作为驻华代表，他更希望参与制造类项目，因此便竭尽全力想做点什么。

就项目框架与日产总部达成一定程度的意向后，北京事务所向日产汽车总部提出了议案。其一，中方要求日产汽车出资成立合资企业，公司名称中加入"日产"，产品使用日产品牌。合资公司最大限度地利用现有的生产制造设备，而模具和组装设备使用泰国三友产品。

其二，日产汽车仅为名义出资，出资额约3亿日元。为保持日产品牌的品质，日产汽车向合资公司派遣一名技术负责人。合资公司向日产汽车支付专利使用费，出货条件采用 L/C 结算（信用证结算）。

茂野富平强调，在这项提案中，考虑到如果能够支付技术资料费用的话，就可以说服日产总部在低风险的前提下构筑未来进军生产制造的立足点，并且通过业务运营积累在中国开展业务活动的经验。此外，中信集团和中国工商银行河南分行成为出资方后，有望在 CKD（Completely Knock Down，全散件组装）零件进口许可、外汇补贴等方面提供支持。

该议案得到日产汽车中国业务科科长的大力认可。郑州项目开始进入合同谈判阶段。但是谈判的过程中分歧不断，进展艰难。

茂野富平回忆："我全程参与了谈判过程，为弥补日产汽车法务部门与中方之间因不同想法所产生的鸿沟，费尽了心思，双方终于达成了协议。直到日产汽车副社长出席合同签字仪式的前一天晚上，他还在郑州的酒店里与中方负责人进行最后商议，几乎彻夜未眠。"

直到最后一刻，合同条款才尘埃落定。

第二章 | 中国破茧（1990—1999 年）

"三国五方"

1993 年 3 月 11 日，郑州国际饭店，中汽总公司总经理蔡诗晴、辻义文、王军、泰国三友董事长杨耀潮，以及当地政府代表出席了郑州日产项目签字仪式。

1993 年 3 月，中国中信集团有限公司、日产汽车公司等合资组建郑州日产汽车有限公司的签字仪式

这是一个"三国五方"的联盟——这种联盟方式前所未有。所谓"三国"，是指中国、日本和泰国。所谓"五方"，是指日产汽车出技术，以 5% 入股；中信集团（中信兴业信

托投资公司）出力，以 10% 入股；泰国三友出设备，以 25% 入股；中国工商银行河南省分行出资金，以 25% 入股；郑州轻汽出人，以 35% 入股。中外股权比为 70%：30%。

作为日产汽车在中国内地的第一家整车合资企业，郑州日产比东风日产整整提前 10 年，其注册资金 1 亿元。同年 8 月，郑州日产一期改造工程破土动工，两年后建成投产，形成年产轻型车 6 万辆，三吨车 EQ1060 轻型载货车和皮卡车各 3 万辆的生产能力。

在相当长的一段时间里，郑州日产主导产品是 1993 年合资后从日产汽车引进的 D21 皮卡，该车由美国 DNI 公司于 1985 年完成设计，在全球市场享有盛誉。1995 年 4 月，D21 皮卡下线，其后作为专用车辆被全国公安、交通路政、电力公司等公共服务部门广泛采用，年销量约 2000 辆。

但好景不长，项目开始不久，得知郑州日产合资生产项目并未获得中央政府机关的批准。

1997 年，茂野富平结束在北京的任期后，获批问题还没有得到解决，由于派遣技术工程师的工资和专利使用费支付出现拖欠，不可避免地引发了日产汽车总部的担忧，撤出郑州日产项目的声音高涨起来。

但茂野富平有不同理解，他认为，即使继续经营郑州日产项目给日产汽车带来的负担也很小。在这种艰难的情况下，只有秉持诚意坚守业务，日产汽车才能逐渐赢得中国市场的信任。反之，一旦撤出则会失去信赖，对未来发展造成不利影响，后者风险显然要大得多。因此，他建议日产汽车总部，还是要一如既往地提供技术支援。

日产汽车总部接受了茂野富平的建议。从1993年郑州日产成立，到2003年正式与东风公司合资期间，郑州日产中国同事的热情和对事业的执着以及日本派驻员的真诚合作结出硕果，郑州日产实现了40%国产化的高难度目标。

得中原者得天下

2000年年初,一个名叫郭振甫的人突然被推到郑州日产第一副总经理的职位上;2001年,他开始全面主持工作,时年34岁。

郭振甫是土生土长的郑州轻汽人,1989年毕业于北京理工大学企业管理工程系,在郑州轻汽从车间管理员做起,历任车间主任、采购部经理、财务部经理等职。担任财务部经理期间,他还骑着自行车,顶着烈日四处筹款,使这家合资企业度过一段艰难岁月。

郭振甫上任后的第一个决策是停产亏损车辆。在当时的郑州中牟南边停车场里,"蓝色的海洋里漂着几朵白色的浪花"——蓝色海洋为三轮车,白色浪花为皮卡车,场面蔚为壮观,清理和消化这些库存车花了较长时间。

第二个决策是变异地报关为属地报关。之前郑州日产一般从天津港或黄埔港转口,改变后则直接由横滨进入青岛港转口,到郑州清减。其结果是,KD件发货期从原来的两三个月压缩为13—14天。

第三个决策跟采购和零部件供应商相关。改变之前互相拖欠"三角债"方式,确立共赢原则:一是降低已经国产化的零件价格;二是国内采购,选择第二家配套企业,要求配套商在

第二章 | 中国破茧（1990—1999 年）

适当范围内降低采购成本。此决策效果明显，数据显示，2001年郑州日产单车采购成本较 2000 年平均降低 5206 元。

这一番动作下来，1999 年，郑州日产销售皮卡 5000 多辆，实现利润 2500 万元。2000 年，这个数字提高到 7514 辆，实现利润 3202 万元。

郑州日产迎来第二次股权变更是 2001 年。2 月，日产汽车提出增资计划。9 月，日产汽车制定《郑州日产重建计划书》。10 月，郑州日产进行机构调整，组建企业重组室，该机构在公司重建期间具有最终决定权。

当年年底，经过中日双方多次研讨，郑州日产十年事业计划出笼。日产汽车将郑州日产定位在中国的商用车生产基地，重点发展皮卡系列和 SUV 多功能系列汽车。

2002 年 1 月，国家外贸部下发《关于同意郑州日产汽车有限公司股权转让的批复》（外经贸二函【2002】77 号文）。郑州日产股权结构变更为：郑州轻汽和中信汽车公司各持股 35%，日产汽车增资至 30%，中信集团（兴业信托投资公司）和泰国三友将所持股份进行转让。

多年后，当人们谈起郑州日产，总会将 2003 年 2 月帕拉丁上市作为其发展史上的关键转折点之一。严格意义上，这款源自日产美国的艾斯特（Xterra）激活了中国汽车史上一个蓄势待发的 SUV 时代。

帕拉丁让郑州日产声名鹊起。上市当年便销售 1 万多辆，占据国内同档次产品市场份额 40% 以上。加上连续 3 年组队出征被喻为"地狱与天堂"的达喀尔拉力赛，又使其美誉度更

郑州日产帕拉丁运动型多功能车成功上市

郑州日产帕拉丁出征2004年第26届达喀尔拉力赛

上层楼。

中国SUV市场在帕拉丁出场4年后才被真正激活。如果郑州日产乘胜追击，继续开发SUV系列产品，组成高中低三个档次产品阵营，或许今天的郑州日产会是另一番景象。遗憾的是，它没有。直到2007年，随着悬挂东风双飞燕LOGO的国产SUV奥丁推出，郑州日产才弥补这一缺憾，但最好的时光已经错过。

2004年10月，郑州日产迎来第三次股权变更。东风汽车有限公司旗下事业板块东风股份通过收购中信汽车公司所持股份，成为郑州日产控股股东。这是相隔20多年后，东风公司体系再次将郑州日产纳入麾下。新股权结构为：东风股份51%、日产汽车30%、郑州轻汽19%。

2005年，郑州日产启动双品牌战略——日产品牌走高端，东风品牌走中低端，双品牌不但能形成合力，扩大销量，还可降低运营成本，形成新的利润增长点。双品牌战略最终赢得日方代表的信任。当年10月，东风品牌锐骐柴油皮卡上市，从而结束郑州日产依靠日产品牌单打独斗的局面。作为国内合资企业实施双品牌战略的第一家企业，郑州日产比后来诞生的合资自主概念整整提前近5年时间。

郑州日产第四次股权变更发生在2007年12月底。变更后的股权结构为：东风股份51%、东风汽车有限公司28.651%、日产（中国）投资有限公司20.349%，郑州轻汽退出。

这一年，郑州日产完成三项机构改革：一是成立销售公司；二是成立海外事业部；三是成立特装车事业部。当年年底，日产 NSC（日本日产汽车销售公司）批准其全球销售网络向郑州日产开放。2008 年年底，随着日产汽车和东风公司增资，郑州日产注册资本变更为 12.9 亿元。

发展至此，郑州日产股权问题仍是一个比较模糊的界定：它既有东风股份的股权，也有东风汽车有限公司的股权，还有日产（中国）投资有限公司的股权，而东风股份又是东风汽车有限公司旗下事业板块之一。那么，它究竟算谁的公司？是东风股份的公司，还是东风汽车有限公司的公司，抑或是日产汽车在中国的第二个合资公司？

"得中原者得天下。"20 世纪 80 年代末，当志贺俊之和日产汽车中国事业部的 20 多人，在对中国市场做过全面考察和调研后，建议日产汽车尽快在中国布局，面对总部的犹豫不决，他第一次提起这句话。20 多年后，2013 年 8 月 7 日，这位年届六旬的日产汽车高管从郑州日产员工代表手中接过具有象征意义的火炬时，再次提及这句话。他说："正所谓得中原者得天下，今后日产汽车将在产品方面给予郑州日产更多支持。"

此后又经年，郑州日产携日产和东风双品牌，在远离乘用车市场的轻型商用车上突围，并一度做到年销量 10 万辆的高度。2017 年，困扰郑州日产多年的股权关系问题得以厘清——成为东风汽车有限公司的全资子公司，与东风日产、东风汽车股份和东风零部件并列。2018 至 2020 年，郑州日产进入调整期，其销量分别为 6.5 万辆、5.3 万辆和 4.5 万辆。值得注意的是，2018 年郑州日产已扭亏为盈。

第二章 | 中国破茧（1990—1999 年）

　　每年三、四月，郑州日产中牟工厂的一角，樱花绽放，灿若云霞，这些在合资公司成立之初，由北京事务所捐赠的树苗已蔚然成林。茂野富平于 1997 年结束了在北京的任期，回到日产汽车总部。日产汽车的中国事业也将交由继任者去继续拓展。

南京项目档案

日产汽车在中国郑州投资的第一个整车项目,犹如落在石缝中的种子,尽管外部条件不良,但总算顽强地生存了下来。这个项目给日产汽车带来一个意想不到的副产品——北京事务所因为项目审批问题频繁接触中国相关部委,经中汽总公司牵线搭桥,日产汽车开始与南京汽车制造厂(简称南汽,1995年6月更名为跃进汽车集团公司,2003年8月重组为南京汽车集团有限公司,2007年12月成为上汽集团全资子公司)接触,就发动机和轻型载货汽车商讨合作。

南汽历史始于1947年,这个时间比中国一汽早6年。1958年3月,南汽制造出我国第一辆轻型载货汽车,取名为跃进牌汽车。20世纪80年代初,南汽、一汽、二汽等几家整车企业被中国汽车工业公司(简称中汽公司)纳入麾下。1987年,中汽公司撤销,1990年,中汽总公司成立。中国汽车工业管理体制经过改革后,一汽、二汽计划单列,唯独南汽留下来,成为中汽总公司最重要的直辖整车厂。南汽在中国汽车行业中的特殊地位由此可见一斑。

"七五"和"八五"建设期间,南汽通过引进意大利依维柯轻型车技术,建成中国最大轻型车生产基地,其固定资产规模在中国汽车行业中排名第三。但到"八五"末期,南汽存在的两大隐患逐渐浮出水面：其一，没有乘用车项目；其二，依维柯轻型卡车不适合中国市场。跃进轻卡技术来自日本五十铃。

1994年，《汽车工业产业政策》颁布后，对南汽这样的企业造成较大压力。产业政策明确提出两个目标：一是规模特性，改善投资分散、生产规模过小的散乱差局面，促进产业合理化，实现规模经济化。二是提高产品技术水平，实现中国汽车产业的自主开发、自主生产、自主销售和自主发展。南汽如果不尽快形成产量规模，就有可能被其他汽车集团重组，这或许是南汽寻求与日产汽车合作的主要背景。

中国机械工业部对促进日产汽车与南汽的合作非常积极。中国国家计委表态可以探讨，且认为合作项目有可能成为未来日产汽车在华生产乘用车的开端。考虑到还要解决郑州日产的问题，北京事务所建议日本总部要认真对待南京项目。

西林隆参与了南京项目的考察和谈判。当时在中国批准乘用车合资项目非常艰难，流程非常严格。"首先，不允许百分之百独资，必须在中国找一个合作伙伴才可行。其次，也不能直接申请乘用车项目，只能先从发动机和轻卡切入，边运作边探讨。从南京项目开始，（日产汽车在中国）才有了乘用车可行性研究以及今后项目的开展。"

南京项目得以积极推进的另一个大背景是，1994年前后，正值日本经济衰退时期，日本汽车市场销量大幅下滑，日元持续升值降低汽车出口竞争力。从1992年到1994年，日产汽车连续三年经营亏损。以1994年为例，日产汽车全球300万辆销量中，海外市场达到180万辆，而这180万辆中，60%以上都在日本以外国家和地区生产。抵消日元升值对日产汽车造成的冲击，最好办法就是直接在海外生产。

中国距离日本最近，而且是最具潜力的汽车市场，日产汽车不可能不重视中国市场发展前景。但到20世纪90年代中期，有乘用车生产资质的中国汽车集团均已名花有主，他们纷纷与跨国公司组建合资企业，"三大三小两微"格局初定，南汽是当时最好的选择。

这是一个双赢的项目。就南汽方面看，如能与日产汽车达成合作，获得对方先进的发动机技术、轻卡产品，并由此衍生出乘用车合作项目，产量规模有保障后，就不必担心被其他大型汽车集团合并。

就日产汽车而言，郑州日产是一个不大的试验项目，持股5%并非资金投入，仅提供一些产品图纸而已，而且主要以皮卡为主。但南汽的意义完全不同，长三角是中国工商业最发达区域之一，1994年，南汽是中国单一生产轻型车的最大企业。

日产汽车积极推进南京项目，派出调查团和谈判团频繁访华。据南汽资料记载，南汽和日产汽车首次正式接触是1994年1月，日产汽车派人与南汽商洽合作，双方签订合作备忘录保密协定。

当年2月，日产汽车高管一行7人来到中国，他们先到北京拜会中国国家计委、机械工业部和中汽总公司等国家部委，紧接着就赶到南京，与时任南汽厂长顾尧天（2017年5月去世，享年85岁）和南汽常务副厂长黄小平就合作事宜进行深入探讨。

第二章 | 中国破茧（1990—1999 年）

谈判进展相当顺利。7月7日，南汽与日产汽车签订合资建立发动机厂和冲压件厂意向书，时任国家计委副主任曾培炎出席签字仪式。1994年11月，日产汽车会长久米丰（2014年9月因病逝世，享年93岁）率领47人庞大代表团访问南汽。12月，日产汽车再度来访，双方于当月20日在上海花园饭店举行凯普斯达（Cabstar）驾驶室转让合同签字仪式。

从20世纪80年代到20世纪90年代，南汽两次与日本汽车企业谈判合资生产发动机，但最终收获的都是驾驶室模具。第一次是日本五十铃驾驶室二手模具，利用五十铃技术开发的跃进轻卡延续了南汽轻卡制造优势。第二次就是日产汽车。

双方继续就合资事宜密切磋商。据南汽文献记载，仅1995年上半年，日方较为重要的来访就有四次。

第一次是3月，日产汽车发动机选型小组一行3人到访南汽，就拟生产的发动机型号和销售计划，与南汽相关人员研讨。第二次是4月，让义文率领日产汽车高级代表团一行9人，来南汽洽谈有关合资合作意向，并拜会政府领导。第三次是5月，时任日产汽车中国事业室课长等人专程到南京，与时任南汽副厂长周锦清就合作项目通报情况、交换意见。第四次是6月，日产汽车代表一行9人，就发动机项目可行性研究内容和南汽交换意见。

1994至1995年两年间，随着中国讨论加入WTO，日产汽车越发关注中国市场的发展前景，为积极推动项目的开展频频派出调查与谈判团队造访南汽。而北京事务所也因此忙得不可开交，不得不扩招人手。与南汽的谈判主要由日产汽车总部主导推进,而茂野富平则负责日产系列零部件供应商的访问接待,陪同谈判团队,以及收集有关中国政府和南汽等中方项目的动向和信息。据茂野富平回忆:"特别是为了准备日产社长访问南汽时拜访吴邦国副总理,以及中国机械工业部何光远部长访问日产的相关工作,相当辛苦!"

南京项目自 1994 年年初开始,从签署合作意向书到进入可行性研究报告阶段,用时近一年。就在双方达成合资协议,只待择日对外发布之际,这一项目却走到尽头。按照中汽总公司确定的方案,南汽全面转向与福特汽车合作,先期导入一款发动机,用来改造依维柯,再建立技术开发中心,导入车型进行全面合作。

这种说法在南汽厂志有关 1995 年下半年对外交流大事记中得到印证——日产汽车信息如泥牛入海、杳无踪影,取而代之的是福特汽车。据南汽厂志记载,1995 年 12 月 7—8 日,福特汽车派员来南汽,送交合资生产发动机及建立技术开发中心的项目建议书。

项目未能结出果实,双方的失望之情可想而知。茂野富平说:"项目谈了两年后热情逐渐冷却,最终以小规模技术合作而落幕,真正是'泰山鸣动鼠一匹(雷声大雨点小)'。回顾项目过程,我推测是由政府主导了计划,而南汽自身的积极性并未得到充分发挥。"

西林隆的说法有些不同。他认为项目终止主要原因是,日产汽车自身经营状况所致,"中国有种说法叫货比三家,相较于其他几家跨国公司,日产汽车处于优势地位。但由于日产汽车面临经营以及各方面困难,只能开展一些小规模项目,我们不得不在 1996 年年底放弃这个项目。"

历史的注脚早已写好。日产汽车进军中国乘用车市场的开路先锋是蓝鸟轿车,西林隆推动了这款车的本地化生产。由于日产总部授权他只能开展一些小规模项目,以及受中国汽车产业政策的限制,西林隆在蓝鸟国产项目上制定了三个"最"的方针——最小的投资、最快的速度、最大限度国产化。

南方嘉木,蓝鸟来栖。

第Ⅲ章

史无前例的合资

大幕渐起。

2002年9月19日，秋染京城，北京钓鱼台国宾馆17号楼，东风与日产50年长期全面合作签字仪式后，时任东风汽车公司总经理苗圩和时任日产汽车总裁兼首席执行官卡洛斯·戈恩（Carlos Ghosn）的手紧紧地握到一起。

这是一个里程碑时刻。依据协议，双方建设初期注册资本金167亿元，东风公司以存量资产、业务作为出资，日产汽车则以现金出资，股比50%：50%。至此，东风与日产合作项目进入实质性推进阶段。

2002年9月19日，东风与日产长期全面合作协议在北京签字

签字仪式开始前，中国国务院副总理吴邦国在中南海会见日产汽车负责人，并对双方达成长期全面合作协议表示祝贺。

此前，双方历经 14 个月，进行了 5 轮近百次会谈，参与者 800 余人。日产汽车方面，有上百人参加制定实施计划，近 500 人次往返于中日之间。东风公司方面，在确保完成历史同期最高水平生产任务的同时，投入近 2000 人配合。

最终，双方各得其所。对已连续创造史上最好经营绩效的中国第二大汽车企业东风公司而言，战略合作可充分利用存量资产，利用外资改造国企老基地，提高整体竞争力和经济效益，最终成为具有国际竞争力的汽车制造商。而对提前一年完成复兴计划的日产汽车而言，通过战略联盟进入中国市场，为正在开展的"日产 180 计划"作出贡献，成为真正的全球主要汽车制造商。

但在鲜花和掌声背后，有一个声音格外地冷静。时任国家经贸委主任李荣融在发言时特别提醒道，东风公司与日产汽车的合作重组，是一项庞大而复杂的工程，前进中难免会遇到这样那样的困难。他说："但我相信，只要双方把握长远战略合作的大局，一切困难都可以克服。会当凌绝顶，一览众山小，愿东风与日产着眼于双赢的长期全面合作，不断取得新的成功。"

多年后回望，这个谈判过程充斥着最惊奇的商业故事，牵动着中日双方数万名员工和数百亿元资产，其间还跨越了风神汽车和东风有限两个时代的重大工程。亦因此，这个象征性的片断之后，艰巨的挑战才真正开始。

现在，让我们看看这一切都是怎么发生的。

日产为什么

2002年,不管是日产汽车,还是东风公司,都已经有了新注解。

倘若以1973年通过出口公爵轿车进入中国为起点,2002年是日产汽车进入中国市场30周年。此前一年,日产在中国卖出3.4万辆汽车,所售车型包括风度、阳光、蓝鸟、奇骏等乘用车和皮卡货车。

日产汽车刚刚经历了起死回生的涅槃过程。1999年3月,当雷诺集团以第三方增资扩股形式购买日产汽车36.8%股份,成为其最大股东时,日产汽车已濒临破产边缘,负债高达300亿美元。

"日产(汽车)出现问题时,正好是20世纪90年代,日本泡沫经济崩溃之后。当时日产汽车向银行贷款,进行大量投资,按照原来计划,这些投资都可以收回,但实际并没有实现。从外部看,借钱还不上,公司就有问题。"日产和雷诺中国事业的拓荒者、东风有限第一任总裁中村克己解释道。

中村克己,1953年6月出生在东京市江东区,1978年3月从东京大学工学系大学院航空专业毕业,因受"技术日产"吸引而加入日产汽车。1997年,他迎来职业生涯的重要转折,调任经营企划室主管,参与日产汽车与雷诺集团之间的战略联

东风汽车有限公司第一任总裁 中村克己

盟谈判。自 2001 年 4 月起，担任日产汽车常务董事，全面负责中国事业室工作。2002 年，东风公司与日产汽车进入实质性谈判阶段，他接替志贺俊之，担任首席谈判官。

如果只是外患倒也罢了，日产汽车还有内忧。"那时候组织结构以部门为主体，比如制造部、设计部、营销部、出口部，每个部门的'墙'都非常厚，我只管我这个地方做好，其他都是你们没做好，而不是想着我这个地方怎么改善，大家如何一起改善，"中村克己说，"部长再汇总给负责该部门的副社长或专务董事，副社长或专务董事虽然能够管理直属的部门，但就公司整体而言，既有看得全的地方，也有看不全的地方。所以，整个公司都处在不是很正常的管理状况之中，而每个部门的'墙'又很厚，这就造成大家不是互相合作、互相配合来做改善……十年下来就是这样的结果。"

雷诺集团进入后，双方建立的战略联盟占据全球汽车市场份额约9%。3年后的2002年3月，雷诺集团将其在日产汽车中的持股比例增加到44.4%，日产汽车则通过收购雷诺集团13.5%股份，实现双方交叉持股，但品牌保持独立运作。

很明显，日产汽车需要一场大手术。1999年10月，"日产复兴计划（Nissan Revival Plan）"发布，这是日产汽车发展史上的一个关键转折。表面看起来，复兴计划只是单纯地削减成本，实质却是一项提高产品与品牌竞争力，助推日产汽车走出逆境的商业战略。

复兴计划使一大批愿与日产汽车共进退的仁人志士脱颖而出，志贺俊之便是其中之一。"我很喜欢日产，喜欢日产的汽车，也实现了自己的夙愿——入职日产汽车。但在时代大潮冲击下，自己喜欢的企业日子却越来越不好过。（日产）复兴计划推出后，我抱着无论如何也要让企业恢复活力的想法，从这时起就加入到日产经营团队。"他说。

以志贺俊之、中村克己、西林隆、中村公泰、关润、马智欣、内田诚和山崎庄平等为代表的热血青年，在拯救日产汽车行动中发挥了举足轻重的作用。日后我们会看到，他们把挽救企业于危难之际的管理经验贯穿于中国合资事业管理中，使之在中国的土壤上开出一树繁花。

复兴计划最终提前一年实现。中村克己认为，该计划之所以大获成功,其精华在于管理的透明性和目标性。前者是一种可以接受的、合理的、充分的透明性,比如为什么要关闭这个工厂?为什么要投资这种车型?为什么要按照 A 计划,而不是按照 B 计划执行等,进行这些决策的理由和数据非常透明。而后者一旦确定,就用一种挑战性精神努力奋斗,绝不妥协——不管环境如何变化,目标都坚持不变。

初战告捷,日产汽车希望更上层楼。2001 年,继复兴计划后,"日产 180 计划"出炉。该计划包括三项经营指标——2004 年度总销量比 2001 年增加 100 万辆;营业利润率达到 8%;汽车事业净债务为零。在"日产 180 计划"中,日产汽车与东风公司的全面合作被置于雷诺和日产全球战略最优先地位之一。

对跨国汽车公司而言,谁都不愿错失前景光明的中国市场。复兴后的日产汽车,在完成欧洲、北美和拉美等地区战略布局后,决定集中精力实施中国战略,这是顺理成章的明智选择。而通过与东风公司合作,打开通向中国的门户,风险更小,胜算更大。

日产汽车并不掩饰其雄心,希望在国际竞争中赢回一局。"20 世纪 90 年代,日产汽车财政状况举步维艰,迟迟未能进入中国市场。而当时,丰田汽车和一汽集团、本田汽车和广汽集团已经开始合资经营,日产汽车落伍。所以,我们特别想挽回局面,也向中国政府表达了这种意向。中国政府告诉我们,事已至此,总向后看是追不上的。"志贺俊之回忆说。言外之意,日产汽车必须向前看,与时俱进。

为什么选择东风公司？志贺俊之的解释是："我们在广州和台湾裕隆一起，与京安云豹共同生产蓝鸟系列，日产汽车没有入股，但合作伙伴是东风公司。蓝鸟上市后销售表现非常好，于是顺理成章，最终我们和东风公司缔结商业合作关系。这其实是很合理的走势。"

西林隆认为，在此之后开展大规模投资正式进入中国市场，日产汽车选择合作伙伴的原则有三：第一，基于50%出资规则，双方具有互补效应，包括产品、经营场所和规模等，而且优劣势平衡，最终能实现双赢关系。第二，对方有实力取得生产资质。第三，双方要有信赖关系，"否则不管什么互补效应或者优势，最终都会沦为空谈"。

"通过发展京安云豹的风神汽车项目，日产汽车已经与东风公司建立这样的关系。双方朝着同一目标，以统一流程和评估方法开展工作，并共享成功，这是不可或缺的因素，"西林隆实事求是地说道，"我们也曾对比过一汽集团和北汽集团等其他中国企业，综合这三方面因素考虑，还是东风公司最合适。"

东风为什么

同样的复兴故事,也在距日本东京几千公里之外的中国东风公司身上发生。

2000年初期,排名第二的中国汽车企业正走出泥淖,创造出史上最好经营绩效。

带领东风公司走出困境的是时任东风汽车公司总经理的苗圩。1982年,他从合肥工业大学内燃机专业毕业,进入中汽总公司,先后担任销售服务公司副经理、生产部副经理、生产司副司长,机械工业部汽车工业司副司长、副总工程师等职。1997年9月,担任东风公司党委书记,1999年3月,任东风汽车公司总经理、党委书记。2005年5月,调任湖北省委常委、武汉市委书记。2008年3月,国务院组建工业和信息化部(简称工信部),苗圩被任命为工信部副部长,后担任部长。自2020年8月起,转任全国政协经济委员会副主任。

1999年5月25日至28日,时任中共中央总书记、国家主席、中央军委主席江泽民视察东风公司十堰、襄樊、武汉三大基地。当年下半年,时任东风汽车公司总经理的苗圩向湖北省委、省政府立下军令状:"2000年之前,不扭亏为盈,我引咎辞职。"军令状目标很快实现,截至1998年年底,东风公司累计亏损5.4亿元,但到了1999年年末,便盈利0.17亿元。

2000年，盈利13.8亿元，实现整体扭亏，完成既定改革脱困阶段目标。2001年，实现利润24亿元，改革初见成效。但公司仍有远虑——如何走出一条可持续发展之路？

还有一个不可忽视的时代背景：20世纪90年代以来，作为潮流和趋势，资产重组、联合兼并成为全球汽车业的绚丽景象，"6+3"（6大品牌汽车集团，包括通用汽车、福特汽车、戴姆勒 - 克莱斯勒、标致 - 雪铁龙、大众汽车集团、雷诺 - 日产联盟；3大独立品牌汽车公司，包括丰田汽车、本田汽车和宝马集团）格局初露峥嵘。

当时中国面临的国际局势是入世，东风公司所有课题都是怎么应对WTO，首要问题是能不能活下来，东风公司对此决策的核心是，"通过寻求与大的跨国公司合作，通过合作谋求双赢互利，共同发展，最终提升竞争力，形成自主、开放、可持续发展，并具有国际竞争力的一个大型汽车集团公司"（《中国汽车报》2003年12月4日文章《苗圩：融入发展，竞争合作》）。

就这样，经过山一程、水一程的寻寻觅觅，一方要打开中国大门，另一方要融入世界潮流，日产汽车与东风公司——这两个有着相似经历和共同目标的汽车企业，因不谋而合的战略思路，通过台湾裕隆公司牵线搭桥而选择了彼此。

在日产与东风的合资项目中，时任国家经贸委主任的李荣融起到关键作用，他就是前文所提，建议日产汽车"事已至此，总向后看是追不上的，与东风（公司）一起做个大项目"之人。某种程度上，他是这个合作项目背后的真正推手和关键先生。

"李荣融先生建议我们参股东风有限，成立合资公司，给我们指出一个在中国市场的经营方向。"多年后，志贺俊之提起这个名字时，仍然充满感激之情。"对日产汽车来说，李荣融先生就是恩人。他后来就任中国国资委主任，每次我们都择机向他汇报合资公司业务内容和事业战略。日产汽车总裁每次去中国，都会拜见他；他来日本，总裁也一定与他会面。"

1999年，台湾裕隆搭桥，茂野富平和另两名中国部职员被外派到台湾裕隆集团新设立的中国大陆事业推进室，茂野富平担任室长。

裕隆集团（裕隆汽车制造有限公司）由享有"台湾汽车工业之父"盛誉的严庆龄于1953年9月投资200万元新台币创立，是中国台湾地区最大汽车集团。1957年12月，其与日产汽车签订技术合作合约。1993年9月，日产汽车对其投资，获得25%股份。

潜力巨大的中国大陆市场自然也对裕隆集团有着致命吸引力。早在1995年，裕隆集团就率先在中国福建省组建东南汽车，生产小型面包车，相邻工业建设用地被规划为裕隆集团使用，而日产汽车的乘用车生产制造计划也在此得到了地方政府的关注。

但茂野富平认为，如果日产汽车不站在项目的前面，在中国大陆市场就难有发展前景，因为中国政府期待的是日产的技术。

另外，根据郑州日产项目的经验，地方政府的制造项目基本都由中央机关管理，仅由地方政府推动，获得审批的可能性为零。虽然极力游说，遗憾的是未能说服对方。

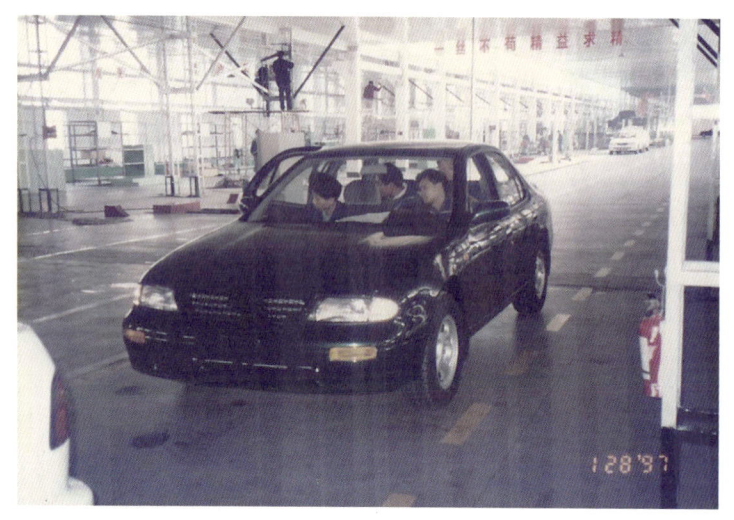

京安云豹生产的日产蓝鸟 U13 车型

一方面,"从中国大陆事业推进室室长的立场看来,东风公司把当时面临经济危机的京安云豹项目拿来和我们接洽,我提议和东风公司合资收购该项目,生产日产蓝鸟。" 茂野富平说。

位于花都的广州京安云豹汽车有限公司成立于 1992 年 8 月,原来控股股东为中国京安进出口公司,主要为公安系统生产排量 2L 的 YB7200(原型车日产蓝鸟 U13 已停产,产品技术 1996 年从裕隆集团引进)装备用车。1998 年下半年,京安云豹已处于半停产状态,至 2000 年前后,基本陷入资不抵债的破产状态。

另一方面,京安云豹的优势同样突出。其一,已建好总装、焊装、冲压、涂装四大工艺和完整生产线,周边还有闲置的大片土地。

"当时政府有一些方针政策,我们希望以最小的投资、最快的速度来推进这个项目,比如车体模具来自日产菲律宾,冲压零件模具从日产美国引进,发动机机械加工设备从日本九州工厂引进。"1996 年负责该项目的西林隆说。

其二,京安云豹生产的 2L 级轿车,这在当时中国汽车市场颇具发展潜力。但问题也恰恰出在这里,京安云豹并未获得国家发改委批准的乘用车生产资质。西林隆前去拜访机械工业部领导,探讨接下来应该怎么做时,对方给出的建议是,跟中国当地一线汽车厂商合作,并向他们推荐了东风公司南方事业部(简称南方事业部)。

南方事业部的任务是推进和管理东风公司在广东和海南地区事业。从 1998 年下半年起,京安云豹便多次寻求与东风公司合作蓝鸟轿车项目。其间,南方事业部还与京安云豹一起,将蓝鸟 U13 改型为 EQ7200,并试制生产展出。

1999 年 5 月,江泽民视察东风公司后,东风公司获批利用存量资产生产排量 2.0L 轿车,获得轿车生产资质。为降低基建投入,压缩生产成本,东风公司开始在全国范围内寻求技术与生产合作,京安云豹自此进入视野。8 月,东风公司领导考察京安云豹,提出希望日产汽车参与 2.0L 轿车合作以及建设技术中心等事宜。

不久,经国家相关部门批复,风神汽车项目正式立项。1999 年 11 月 25 日,东风公司、京安云豹与日产汽车在北京签署"风神 7200 系列车辆技术许可及相关问题基础协议",

风神项目获得日产汽车的技术许可和技术援助。

2000年3月，风神汽车有限公司（简称风神汽车）在深圳东风汽车大厦注册成立，注册资本1.3亿元。东风公司现金出资7800万元（实际出资2300万元，其余5500万元由南方事业部自筹），其他股东均为实物出资，经营范围为汽车研发和销售。

风神汽车成立伊始，为获得长期稳定的技术支持和产品支持，便向为京安云豹提供产品的裕隆集团发出加盟邀请。后者正帮助风神汽车做下一代产品——风神蓝鸟二号的设计开发工作。

对裕隆集团而言，东风公司是中国第二大中央政府直属的大型集团企业，如能促成和东风公司的合资项目，对整个集团公司也是一件面上有光的事，因此表现得非常积极，而福建项目就此搁置了。对日产汽车而言，因蓝鸟未在台湾地区生产，就能避免和裕隆集团发生技术上的纠纷，技术层面日产汽车可以站在前头。

裕隆集团制定了"风神品牌新蓝鸟"和"风神汽车合资公司计划"，主要内容包括：技术从日产汽车引进（由于没有出资，所以不使用品牌）；销售网络使用在台湾地区大获成功的裕隆集团的经验；以提供定制化设计技术和组装设备为支柱。

紧接着，裕隆集团高层奔赴东风公司十堰总部，花了整整一天的时间进行详细的说明。东风公司管理层对此表现出极大的关注。很快，由时任东风汽车公司总经理苗圩带队，东风公司代表团奔赴中国台湾地区，与裕隆集团交流。双方都表现出了一致的积极性。

风神汽车成立 2 个月后,即 2000 年 5 月,裕隆集团便以 1∶2.08 溢股增资成为新股东。风神汽车注册资金增加为17,335 万元,其中,东风汽车、京安云豹和裕隆集团分别持股45%、30% 和 25%,确定以日产技术为支撑,利用京安云豹原有厂房设备,以委托加工形式在花都生产蓝鸟汽车。

"两家公司高层在认知上达成一致,双方谈判进展迅速,半年多就签署了合资协议。中国人之间沟通的快速高效实在令人惊叹。"茂野富平由衷地感慨道。

这只是前奏。3 年后,当日产与东风全面长期合资这张底牌被翻开的刹那,人们才蓦然惊觉——东风公司走近裕隆集团,意在持有裕隆集团 25% 股份的日产汽车。就像一场互相追逐的游戏,日产汽车一方面因自身原因,在 2003 年前无法进行海外投资,另一方面因拿捏不准中国市场,需要投石问路一探虚实。

对于裕隆集团在合资合作中起到的作用,志贺俊之后来总结道:"裕隆(集团)从一开始就参与蓝鸟生产,它是日产汽车在中国台湾最长最可靠的合作伙伴,我们之间关系非常好……可以说,裕隆集团在日产汽车和东风公司之间发挥了润滑油般的作用,我们希望业务由此更顺畅。虽然后来,日产汽车没有裕隆集团的帮助也能独当一面,但在初期阶段,它给了我们很多帮助。"

2002 年 2 月,风神汽车从深圳迁至广州花都,成立广州风神。东风公司与裕隆集团按 60%∶40% 股权架构建立经营格局，随后双方签署《关于云豹公司资产重组及风神增资扩股的协议》。

同年 7 月 4 日，经法院终审裁定，广州风神汽车以 5.1 亿元取得京安云豹全部资产。

至此，风神汽车翻开了新的一页，建立稳固的生产制造基地，为后续日产与东风全面长期战略合作赢得资源与时间。后来，东风汽车有限公司成立并在广州花都成立乘用车公司之后，广州风神纳入了乘用车公司生产体系。

从时间表上看，尽管作为独立公司运营的风神汽车只在中国汽车工业史上留下 3 年足迹，但却创造了当年成立、当年出车、当年销售、当年赢利的奇迹，其销量从 3,000 辆跃升到 6.5 万辆，年销售收入从 4.58 亿元上升到 115 亿元，净资产 45.5 亿元。

风神汽车创造的神话自然让日产汽车跃跃欲试，一场史无前例的合作呼之欲出。

第三章 | 史无前例的合资

大重组大支持

西林隆至今还记得，2000年2月，他被日产汽车总裁叫去说明中国市场情况的情景。"日产复兴计划主要以削减成本为主，但从事业可持续发展来看，只是削减成本，节流不开源也不行，还要找到发展的其他增长点。当时很多区域事业统括都在做，总裁对中国市场非常感兴趣，同时也想亲自来看看。"他回忆道。

同年3月，日产汽车时任总裁低调地开启了一趟中国之行，中国市场在日产复兴计划中的角色和定位随后显现。4月，在一次日产汽车高管会议上，已晋升为日产汽车常务董事的志贺俊之提议，应该与东风公司成立合资公司。他受命制定中国战略，日产汽车对中国市场的调研、探讨和提案随即展开。

"在（日本）东京都江东区公民馆合宿时，我和志贺坐在一起，一边抽烟一边讨论怎么制定中国事业战略，"西林隆笑着继续追忆，"最初的设想是，由日产汽车和东风公司成立一个合资公司，开展这样的项目首先要有项目意向书，要有双方备忘录，还要有可行性研究……花了一年多时间。"

这就是2000年中国事业战略以及具体实施方案出台过程。"当时提案内容有很多选择，比如是全系车型，还是只供某一种车型……2000年，算上风神汽车以及国产化汽车在内是1.5

万台（辆）左右，我们希望十年后，包括和东风（公司）的合资项目在内，实现30万台（辆）销量，市场占有率达到6%。"西林隆说。

倘若以2002年9月19日，日产汽车与东风公司签署50年长期全面合作协议为界限，双方关于战略重组的商业谈判可以划分为两个阶段。第一阶段，确定合作战略目标、内容、方式及原则，制定可行性研究报告。第二阶段，针对协议中重大问题反复谈判，艰难地达成一致，最终签署合同章程。

据东风公司年鉴记载，东风公司与日产汽车的合资谈判始于2000年5月。两个月后，时任东风汽车公司总经理苗圩与时任日产汽车亚洲大洋洲事业本部长、中国事业部部长岩下世志见面，探讨合作的可能性。基于当时业界比较盛行的合资方式，中方拿出一部分优良资产与外资嫁接模式，双方计划在东风公司襄樊基地合资生产类似日产玛驰（March）级别经济型乘用车。当年10月，苗圩带队与日产汽车时任总裁见面，在上海举行项目启动仪式，开始进行可行性研究。

2000年12月，时任东风汽车公司总经理苗圩前往北京向国务院副总理吴邦国汇报，争取支持。哪知对方却问他："苗圩，你拿一个厂就能解决东风的问题？十堰那一坨，这几年是市场好，市场不好的话，你是不是又回到1997年去？"计划被驳回，苗圩回到东风公司驻京办事处，和几位班子成员谈起此事时说："这个合作好像很难批了。"

双方继续等待时机。为拿到"准生证"，2001年7月5日，日产汽车时任总裁来华，先与苗圩见面。第二天，在时任国家发展计委副主任张国宝陪同下，拜访吴邦国副总理，争取中国政府高层对雷诺－日产联盟与东风公司的战略支持。

这次，他们得到更明确的指示。根据《深圳特区报》，2004年8月7日采访文章《苗圩纵论东风－日产合资"秘辛"》记录，吴邦国问："如果合资合作的范围更大一些怎么样？如果不仅是局部盘活，而是焕发整个东风公司的活力怎么样？"他表示，大重组要大支持，并鼓励日产汽车总裁，"把日产的经验移植到东风（公司）来"。

志贺俊之参加了会见，他透露了一个未被档案记录的细节。拜访吴邦国副总理前，他们先去拜会了李荣融主任，表达日产汽车想与东风公司合作的意向。"李荣融主任当时对我们说，与其合资办厂，不如直接参股成立东风有限。然后，我们又拜访了吴邦国副总理，也得到他的支持。于是，启动了成立东风有限的谈判。"

这是一个昂贵的战略行动。志贺俊之对此进行了解释，李荣融主任建议"我们和东风公司一起做个大项目"。不过日产汽车只专注于乘用车生产，而东风公司做的是商用车领域，包括大型卡车、中型卡车和公交车。而且，东风公司还有很多零部件公司作支撑，其员工当时有7万多人，生产基地主要在十堰。"这种条件下，我们参股50%其实是一个无比庞大的项目，但因为当时有吴邦国副总理和李荣融主任的支持，所以我们终于下定决心启动这样的大项目。"

李荣融之所以对日产汽车而不是其他跨国公司寄予厚望，或许与当时国家经贸委外事处一位会讲日语的金女士有关。志贺俊之说，金女士读过一本在日本出版的关于复兴日产的专著——《极度驾驭：日产的文艺复兴》。日产汽车总裁拜会李荣融前，金女士向李荣融介绍过这本书，李荣融听后深受感动。当时东风公司业绩不是很好，他希望借日产汽车总裁的管理能力，重振东风公司势头。

2003年11月30日，在由《中国汽车报》和人民日报经济部在北京钓鱼台国宾馆联合主办的"东风模式与国企改革研讨会"上，李荣融谈到如何从政府角度来看东风重组时说："东风（公司）当时与日产（汽车）谈的是轿车合资项目，原经贸委没同意，他们又提供的日产汽车总裁的背景材料，给了我很大信心。"

李荣融跟苗圩开玩笑说："做轿车厂题目对你来说太小，你应该做大题目。什么大题目？就是大重组，把东风公司整体战略重组，否则襄樊兴起了，十堰却完了。"他还提到，当时支持东风公司谈判的考虑基于两点：一是要搞活企业；二是中国中部的崛起。

2001年7月6日，这次会见既是日产汽车与东风公司合作项目的转折，又是一个新起点，最关键的是获得了中国政府的明确支持。西林隆说："最开始只是乘用车合作方案，跟其他合资方向一样，但因为吴邦国副总理和李荣融主任提出，大重组大支持，相当于得到政府的反向提案，希望把项目做大。之后，我们开始做研究，除乘用车外，还包括商用车和零部件等在内的全面合作。"

双方迅速行动，紧接着就组建团队。日产汽车方面，前期主要由志贺俊之和西林隆一起进行项目规划,包括与东风公司交涉,后期中村克己加入到谈判项目组里。

中方也派出精兵强将。2001年7月22日,东风公司召开重组专题会议,确定以商用车和轿车两个业务为主体的重组框架,带动零部件发展,并考虑将社会事业和公用事业打捆移交政府的基本思路。专题会议确定,以苗圩为组长,徐平为常务副组长,刘章民、李绍烛、童东城等为组员的应对小组制定重组方案。

阶段性成果很快出炉。2002年2月18日,时任东风汽车公司总经理的苗圩率团访问日产汽车,签署"东风汽车公司与日产自动车株式会社战略合作基础协议"。该协议确定了日产汽车与东风公司战略合作五大基本原则:

第一,双方本着充分尊重、相互信赖、互惠双赢、共同发展的精神开展合作。

第二,双方合作不同于中国境内的其他中外合资项目,双方将不仅仅是建立一个合资企业,而是开展全面而广泛的战略合作。

第三,双方将充分利用各自在制造、采购、营销网络、人力资源、品牌、筹资能力和研究开发等方面的现有资源,支持合资公司的发展。

第四,双方将共同制定合资公司发展的有效政策,导入最新且适用的产品和技术,采用共同平台战略,联合发展在全球采购、商品规划、研究开发和营销网络等方面的中长期合作项目。

第五,双方商定在合作中为包括法国雷诺公司在内的其他合作伙伴的进入留有可能性，并在适当的时候由东风公司与日产公司达成一致后实施。

两天后，东风公司向国家经贸委上报重组基本方案（东风汽车公司利用外资实施战略重组基本方案）。2002年3月1日，时任东风汽车公司总经理苗圩，时任东风汽车公司党委书记、副总经理徐平和当时的日产汽车总裁再次拜见吴邦国副总理，汇报基本方案，得到原则肯定。当年6月6日，国家经贸委批复同意基本方案（国经贸产业[2002]392号文）。

至此，战略合作前期工作进入实施阶段。日产汽车与东风公司按照两条主线同时展开行动：一条主线实施计划，一条主线开展尽职调查。

2002年3月14日，以志贺俊之、中村克己为首的日产汽车和东风公司代表共100人，在武汉香格里拉酒店举行实施计划启动会。双方当场约定工作计划：6月6日上报国家相关部委，7月6日前完成合同章程谈判。

自此后，双方组织12个专业对口组，分别在北京、武汉、襄樊、十堰和广州等地举行五轮近百次会谈。日产汽车投入上百人制定实施计划，有近500人次往返于中日之间。第三方专业机构对东风公司现状和资产状况进行深入调查。

时间的箭头已经指好方向，但合资项目还是不可避免地遭遇到前所未有的挑战——双方对东风公司进入重组计划的现有资产存量价值评估存在严重分歧。经过上百次谈判和多方努力，双方仍然无法就估值问题达成一致，导致原定在2002年内成立合资公司的计划被迫延后。

第三章 | 史无前例的合资

艰难的谈判

2002年4月,日产汽车在日本总部组建中国事业室,室长是中村克己,他直接向日产汽车总裁汇报。在此之前,与东风公司的战略谈判一直由志贺俊之负责。

这次,日产汽车设置了两个团队。一个团队负责谈判部分,包括对合资公司的出资,以及如何建立管理团队等。此外,在十堰、武汉、广州和上海等东风公司据点处,还有一些专业对口小组进行研讨。另一个团队负责探讨合资公司成立后的整体运营框架,以及所能带来的协同效应。中村克己统管两个谈判小组。

双方都有各自坚持的底线与原则。

对东风公司而言,战略合作中势必牵涉到资产重组、资产评估以及尽职调查问题、东风品牌问题、员工分流与整合问题、技术转让与知识产权问题等,任何一个问题都是国企改革过程中的难题。早在2002年2月初,东风公司便起草完成5万字的重组基本方案。经修改细化完善,同年10月,重新拿出10万字的详细实施方案报批。实施方案中,东风公司资产被划分为A、B、C、D四大类。A类资产为与PSA标致雪铁龙集团(2021年1月17日,PSA标致雪铁龙集团与FCA菲亚特克莱斯勒集团合并重组为Stellantis集团)、本田汽车等合作的合资公司;

B 类资产为非核心企业和单位资产；C 类资产为需调整主营业务的资产；D 类资产为汽车、零部件及装备等核心业务资产。其中，A 类资产继续独立运作；B 类资产实施剥离；C 类、D 类资产进入重组范围；D 类资产进入合资范围。

重组构架方面，将原东风有限更名为东风汽车工业投资有限公司，合资公司沿用东风有限名称，上述四类资产置于东风汽车工业投资有限公司之下。

2003 年 7 月，苗圩在接受《中国汽车家》采访时曾说，他作出的最大妥协就是将 B 类辅业资产剥离在合资之外。20 世纪 60 年代末，山城十堰因二汽而建。截至合资公司成立前，东风公司建有 27 个工厂、38 所学校和 5 所医院。辅业是东风公司沉重的负担，但硬币的另一面，剥离合资公司后，东风公司有对其进行重新改良的机会。

日产汽车方面，中村克己在后期谈判中坚持的原则，其实就是日产汽车总裁交代他的一席话。大致意思是，在中国成立合资公司并不是我们的目的，我们的目的是通过这样的合资，促进形成日产汽车未来发展的基础。如果在谈判过程中感到合资公司不会对日产汽车带来什么好处，那么你随时可以停止。未来中国市场有没有可能成为日产汽车发展的重要支柱，这需要你判断。如果有这种可能性，那我们一定要把这个项目做好。

"和东风（公司）的谈判非常非常艰难。"中村克己清楚地记得，的确发生过几次无法达成一致意见，拍案而起离开会场的情况。比如双方交涉的内容要签合同，每一项都要仔细记录，甚至有些合同包括一两百项，那也没办法，要一项一项地谈，一字一字地抠。这周谈好 20 个条款，双方都同意，结果下次谈判时，对方又把上次同意的 20 个条款拿出来再谈，就没办法往下推进。

日方律师给中村克己的建议是，会议要写会议纪要，双方签字，就不能反悔。但会议纪要花半天时间也无法达成一致，尤其是涉及合资合同谈判时，对一些具体文字表述，双方都据理力争。"这周双方都同意的条款，按律师要求写会议纪要，下周接着谈，他们说，这个不行，又要改，每星期就这样反反复复。"中村克己笑着回忆，"有时在中国谈判完回到东京，律师事务所会问，日产汽车真的要按这个条件进行吗？那时就非常苦恼，还不如把项目终止……确实有过这样的时候，有过这样的情况。"

战场上的交锋并不妨碍战场下的惺惺相惜。中村克己的主要谈判对手有两人：一个是当时的东风公司总经理苗圩，负责具体合同谈判；一个是副总经理徐平，负责人事、合资公司管理及运营谈判。"虽然谈判时大家都会站在各自立场上，但我们还是很好的朋友。如果不是朋友，不能互相理解，就没办法谈下去。所以我们还是站在很高的立场上，都抱着尽量谈好的心态，用一年多时间谈下来，确实太不容易。"中村克己感慨道。

"评估过程非常非常艰难，你可以想象这种艰难的程度，因为不是从零开始新建一个合资企业。"西林隆提醒道，"东风（公司）有学校、有三产、有酒店、有很多零部件公司，甚至在乌鲁木齐还有一个相关公司……资产负债记录和应收账款是否准确，比如半年后会有多少应收账款进来，再比如离退休后的养老金如何评估,这些都需要确认……因此,调查、评估和谈判就很难推进。"

双方一度形成拉锯战。中村克己说:"关于出资金额的问题,谈判时谁也没有说服谁。东风公司希望按照以物出资的对价让日产汽车出资,他们认为东风公司价值很高,并委托第三方来评估。日产汽车按照全球通用的会计标准进行评估,也邀请外部公司来评估,但评估结果实际上达不到东风汽车提出的数字。不仅达不到,而且两个数字相差悬殊,没办法达成一致,就一直这么僵持下去。"

他举了两个例子,比如十堰有很多老工厂。一方面,这些老工厂折旧如何计算?另一方面,未来如果涉及老工厂改造或者污水处理,尤其是后者关乎环境问题,不仅没有正资产,而且可能会成为负资产,资产评估时要不要考虑?再比如退休金和社保基金,日产汽车的做法是纳入损益表中进行评估,但如果放入东风公司资产评估中,其有效资产则可能为零。诸如此类的案例不胜枚举。

"双方评估价值差距实在太大,因此考虑进行调整,不把这些纳入到资产评估范围内,后来谈到 10 亿美元,换算成人民币约 83.5 亿元,最后由双方最高领导拍板确定。"中村克己总结道。

志贺俊之表示,双方各出资 10 亿美元——计算这个数字花费了很多时间,因为价值计算里包括负债。东风公司员工很多,当时就有养老金缺口,但缺口多少需要计算,这些都是费时费力的工作。此外,以现金出资方式参股中国国有企业,对日产汽车而言也是首次尝试,故在谈判过程中投入了较多时间和精力。

对东风公司估值和负债的计算一直持续到谈判最后。志贺俊之说，有些账还是无法算清，比如养老金账户缺口，就只能推测，然后用 10 年时间填补亏空，以此达成共识。还有环保评估，比如十堰有一些河流，需要考虑工厂对环境的影响等，这些都需要花时间调查和评估。

志贺俊之对那段旷日持久的谈判拉锯战印象深刻，他表示无法用一个准确数字来描述谈判时长。"原计划 2002 年合资建厂，但（东风有限）最终成立是 2003 年 6 月，而谈判从 2001 年开始，前前后后花了近两年时间。"

在他印象中，有时是通过电视新闻报道知道最新情况后，立即决定出差飞往中国上海，与东风公司代表继续谈。"不过，正因为在启动阶段认真做了功课，所以才有后来合资公司的稳定发展。所谓日久见人心，当初参与谈判的人员后来都成了老朋友。"

最终结果是，2003 年成立的合资企业东风汽车有限公司，其注册资本金为 167 亿元，而 2002 年 9 月 19 日签署全面合作协议时是 171 亿元。

不管怎样，艰难的征战取得了胜利。我们看到，在这场改写中国汽车合资企业格局的战役中，除时代赋予的机遇外，中日双方最高领导者的格局和智慧无疑起到至关重要的作用，毕竟最关键最核心的难题需要他们议定。倘若只是纠结于眼前的一时一事，或者拘泥于一城一池的得失，都无法抵达他们心目中的彼岸。

现在，历经 23 个月的谈判，万事俱备，只待新东风。

东风有限"六宗最"

2003年6月9日,中国武汉,一家名叫东风汽车有限公司的新公司挂牌成立。

至此,从2001年7月,根据中国政府要求和倡导,日产汽车与东风公司将正在磋商和实施的单项合作项目,提升为建立长期全面合作关系算起,这场历时23个月全速推进的合资项目终于尘埃落定。当天,东风有限公司创立的盛况通过广州、武汉两地卫星直播形式昭告天下。

2003年6月9日,东风汽车有限公司在武汉东湖举行创立大会

第三章 | 史无前例的合资

东风汽车有限公司武汉总部大楼

2003年6月16日，日产阳光轿车下线暨上市仪式在广州花都举行

083

这艘拥有 7 万多名员工，被殷殷期望的新的大船一启航，便改写了中国汽车合资格局——作为中国汽车行业最大中外合资项目，东风有限注册资金 167 亿元，总部设在武汉，商用车中心设在十堰，乘用车事业核心设在广州，轻型商用车和乘用车主要工厂则放在襄樊。

宾主尽欢之后，6月9日下午，东风有限在东湖宾馆召开第一次董事会，确定8名董事会成员，并明确其分管职责——苗圩担任董事长，中村克己担任总裁，同时任命7位副总裁。

会议还确定组织机构和职能设置，董事会下设投资、人事、技术、商品等 10 个专业委员会，作为决策机构。明确双方向东风有限派驻核心层员工以及相应职务，前期各派驻 30 人，后来曾一度扩充至 50 人。2005 年，因东风有限生产经营所需，日产汽车支援派驻人员增至 90 人。

东风有限成立本身所具有的创新性思维，以及为中国国有企业改革，为其他中国汽车合资企业带来的启示意义，主要体现在以下六个方面。

第一，迄今为止中国最大汽车合资项目。

这一点毋庸置疑。日产汽车与东风公司的战略重组是一项系统工程，所涉及资产、规模、合作层次与领域在中国汽车业国际合作史上皆前所未有。东风有限 167 亿元初期注册资本，创下同期国内汽车合资企业投资的最高纪录。

它产品最全，涵盖商用车、乘用车、零部件和汽车装备，是国内汽车行业第一家全系列产品的合资公司，也是日产汽车在海外唯一的全系列合作项目。

需要注意的是，就日产汽车而言，这是仅次于它在美国投资的第二大海外投资项目，且被置于雷诺－日产联盟全球战略最为优先地位之一，并纳入"日产180计划"中。东风公司是以存量资产和现有资源出资，将存量资产和业务纳入到东风有限麾下。

第二，保持和发展日产与东风品牌。

合资公司命名和产品名称关乎这家企业能走多远。东风有限在品牌战略上，商用车沿用东风品牌，乘用车以及经销网络沿用日产品牌，同时保留运用东风品牌于某种类型乘用车的可能性。

这一创新性结果是由中外双方最高管理者拍板确定。志贺俊之记得，在谈判的最后阶段，时任东风汽车公司总经理苗圩前往日本，双方探讨新公司和产品命名。"最开始，日产汽车希望在合资公司名称里加入'日产'两个字，但因东风公司是国有企业，双方谈判商定，合资公司名称里不显示'日产'，相应条件是产品名字用'日产（NISSAN）'。"

在西林隆的印象中，有关名称的谈判涉及两方面：一是车名，是叫"日产"还是"东风日产"？二是公司名，是叫"东风有限"还是"东风日产"？东风公司希望车名为东风日产，公司名为东风有限；而日产汽车则希望车名为日产（NISSAN），公司名为东风日产。"大家都希望自己的名字尽量出现在产品和公司名字里。"

最终结果是，公司名用"东风汽车有限公司"，产品名用"日产（NISSAN）"。对于后者，当时只有宝马品牌和日产品牌这样使用。没想到3年后，按中国国家发改委发布《汽车产品外部标识管理办法》要求，"东风日产"便出现在汽车尾部上。

第三，唯一性约束。

合资协议中规定，东风公司是日产汽车唯一合作伙伴，日产汽车不再与中国任何第二家企业合作生产汽车。这样做的好处显而易见：一方面，双方对合作事业全力以赴。另一方面，新东风亦成为日产汽车全球发展战略的一部分，从而避免像大众汽车集团分别与一汽集团和上汽集团合资，丰田汽车分别与一汽集团和广汽集团合资，本田汽车分别与广汽集团和东风公司合资那样，导致资源和技术分散，且国内两个合作伙伴互相制衡的状况发生。

但对于唯一性约束并非没有异议。谈判期间，因中国市场已有先例，日产汽车总部不乏应该在中国成立两家合资公司的声音。中村克己坦陈，在商言商，只与一家企业合资的确存在较大风险，如果未来合资公司运营或者管理不畅，就没有可选择的余地。但不管是当初还是现在，中村克己都是两家合作伙伴论的坚定反对者，他向日产汽车总裁和其他日产高管解释，就日产汽车整体实力和规模水平而言，在中国成立两家合资公司有些勉为其难，最好的办法是集中力量与东风公司进行全方位合资。

中村克己并非从一开始就持这种理论。最初他也对日产汽车与东风公司合作开拓中国市场持怀疑态度，但随着谈判逐渐深入，他经常到中国交流，每次都能切身体会到这个市场日新月异的变化，后来他改变了自己的看法。亦因此，当有日产汽车高层对中国项目提出质疑时，他都会耐心解释，打消他们的疑惑。直到现在，他仍然认为，只与东风公司合作，是日产汽车作出的正确抉择。

第四，建立研发中心。

在保留原商用车研发中心的基础上，新建立一个乘用车研发中心——与日产北美、欧洲等地的研发分支机构一样，作为日产汽车技术中心的重要组成部分。第一阶段，建立支持国产化，推进中国规格化改进，进行产品试验和认证能力。第二阶段，建立车身造型能力和差异化开发能力，形成乘用车车身开发、整车匹配以及部分总成研发能力。

这个研发中心的重要性日后越发凸显，除了让日产品牌和后来的英菲尼迪品牌更好地适应中国市场外，它还带来了另一个创造性成果——启辰品牌诞生。

第五，人员剥离、分流与劳动关系延续。

按照规划，合资公司有1万多人面临再分流，其中7000人为内退职工。为稳定有序地分流，在谈判中，日产汽车承诺对等拿出9.5亿元用于辅业改制和职工安置，为合资重组后继续进行职工平稳分流提供资金保障。

重组过程中，对富余人员处理不是采取下岗、买断工龄等方式，而是以开发性安置、岗位培训分流为主，发展新事业，创造新的就业机会，帮助、扶持分离后的非核心业务建立竞争力，从而最大限度地减少重组可能带来的震荡。

另一方面，进入合资公司的员工与新公司重新签订劳动关系后，他们的工龄计算、工资薪酬、劳动保险等待遇仍保留原有水平，维持各项政策的延续性。

第六，完整保留党群工作体系。

合资谈判历时近 2 年，其中，关于合资企业党组织建设问题，前后谈了 3 个月，日产汽车谈判代表在详细阅读和研究中国共产党章程后，最终在合资合同中签署设立党的机构组织的文件。

事实证明，这个选择是正确的。2004 年，东风有限刚运营一年多，广州花都工厂因文化磨合问题停产 35 天，十堰基地一些员工开始实施内退，员工因强烈不满而产生冲突，这期间党群组织发挥了重要作用。

"员工抱怨得非常厉害，他们到东风有限总部抗议，有人把车推走，甚至还有人冲动砸车。抗议声势很大，形势比较严峻。"中村克己回忆，党群部门领导给他打电话，让他和日方派驻员先不要来公司，等他们和员工做好沟通，形势稳定后再过去。"如果没有党群组织对公司经营的支持，在十堰当地进行重组，让花都工厂暂时停产，这样的改革都不可能顺利进行。"

20 年后，东风有限在中国汽车市场刻下的种种烙印，已足以证明当年中外双方抉择的正确性。但从 2003 年 7 月 1 日，东风有限这艘大船开始运营起，在渡过合资初期的蜜月后，以中村克己为首的经营管理层就不得不面对来自业界的重重质疑与压力。

第 IV 章

学习与融合

在 2002 年谈判后期，中村克己就已被定为东风有限第一任总裁。

2003 年 6 月 24 日，动身前往中国的前一天，中村克己去跟时任日产汽车社长告别。社长给他的赠言其实就是一个建议："中村，你刚去的 6 个月，人家是看你的外表，看你这个人是不是值得信任。但 6 个月之后，人家愿不愿意跟你一起干，就要看你的实际行动，看你是不是有能力。"

这是一场充满不确定性的冒险。彼时中村克己承担的任务是，在未来日产汽车全球事业版图上，中国事业无论规模还是收益，都要作为美国市场之外的第二大支柱。"在我任职期间，可能达不到第二支柱的规模，但我会把基础做好。"他承诺道。那时候恐怕谁都无法预料，在他的手下，中国最终成为日产汽车最为倚重的市场，并占据其全球四分之一份额。

2003 年 6 月 25 日，东京成田机场，50 岁的中村克己提着简单的行李登机。这个肩负重组与开拓重任的操刀者，在历史滚滚洪流中登上商业舞台，开始他的新征程。

历史就像一面镜子，此后 20 年，从十堰到武汉，从大山到大海，东风有限历经五任总裁——中村克己、中村公泰、关润、内田诚和山崎庄平。一幕幕商业大戏相继登场，宛若好莱坞剧情片，它叙事恢宏，情节跌宕，其间穿插着悬念与悲喜。但不管岁月如何沧桑，世事怎样变迁，东风有限这艘大船却从未偏离航向，坚定地从此岸驶向波澜壮阔的远方。

魔鬼在哪里

文化融合从来都是中外双方难解的关键症结。为了各自的立场与利益，在合资企业内核里，所谓彼此追求的融合与信任，就像天边若有若无的浮云那样飘浮不定。

在志贺俊之看来，对拥有 7 万多名员工的东风有限而言，日产汽车仅派出几十名派驻员，这就意味着，公司运营基本按照原来国有企业框架进行。在这个基础上，加入日本管理模式，当然会有新旧模式的摩擦，这种摩擦会带来双方关系的恶化。他以东风有限董事身份建议："中日双方首先要团结，互相尊重对方的想法，建立友好工作的氛围，这是最重要的事情。虽然有很多未决之难题，但双方可以慢慢商量解决。"

从 2003—2008 年，中村克己在东风有限度过了极具代表意义的 5 年，他认为这 5 年中，最难的是 2004 年。"2003 年 7 月，合资公司成立，最初的半年大家都说一起好好干，都是抱着这样的心情。但到了 2004 年，合资事业正式开始后，很多问题就逐渐出现了。"

2004—2005 年，可称为"冲突"阶段。双方股东的背景决定了这种冲突——与丰田汽车和本田汽车有很大的不同，日产汽车是一个典型的日本化跨国公司。而东风公司则是在特殊背景下创建起来的传统大型国有企业，且又成长于远离中心城市的内地山城十堰。当两拨有着完全不同文化背景的高管，真正开始在一个锅灶里吃饭时，冲突就势所难免。

当时，乘用车板块东风日产的市场表现，几乎让人大跌眼镜。借助创造业绩神话的风神汽车打下的根基，2003年东风日产排名行业第九位，但到2004年却掉头向下，以同比下降10%的销量被挤出行业前十名，其2.6%的市场份额甚至低于一些中国本土品牌。

造成上述结果的原因有很多。一方面，正好赶上上海通用（现在的上汽通用）降价促销，东风日产用一款旧蓝鸟与之厮杀，综合考虑到品牌及其收益性，还不能一味跟着降价，否则品牌就会变得没有价值意义。另一方面，合资后推出的首款产品阳光（SUNNY），并未如预期般引起市场热捧。

更重要的是，彼时曾参与风神汽车创业的高管进入合资公司后均被"集体降半职"，中方长袖善舞的营销、市场推广、采购和售后服务部门正职，均由日方派驻。这几重因素相叠加，导致产品大量库存积压。

摩擦在停滞不前的市场困境中不断累积。每次开会，大家分坐会议室两边，都能深切体会到双方之间的不信任、互相推诿和累积起来的怨气。2004年10月14日，面对库房里堆积如山的蓝鸟和阳光，中外双方作出痛苦决定：宁可工厂停产，也要维系品牌。

这是中国汽车合资史上从未有过的先例。东风日产前后停产35天，机器停止运转后，双方坐下来共同寻找解决问题的出路。这个过程中，东风日产双方高管起到至关重要的作用，身在十堰的中村克己给了他们施展拳脚的空间。"我跟他们讲，公司大目标不要有偏移，比如五年十年后朝哪个方向走，就朝这个方向努力，但眼前肯定有低谷有波峰，不要因为一点波动就迷失了大方向。而且，只要我们持续做好产品，做好服务，客户肯定会跟着我们一起走。我们要有自信，眼前这些小波动就不要放到太重要的位置上。"中村克己说。

恰恰是这种成长经历中不可或缺的阵痛和猛烈碰撞，催生出享誉业界的"东风日产行动纲领"。

2005 年 1 月 23 日，一场决定东风日产未来出路的封闭式会议在广州东莞一个度假村里举行。20 多名高管心平气和地坐在一起，分析这个企业到底怎么了，大家为什么失去了对市场的敏感性，失去了快速反应能力和行动能力。

在此之前，一项针对中日双方究竟存在哪些问题的内部调研业已完成。他们对梳理出来的 190 多个问题，有针对性地展开各种各样的培训，比如中日双方如何打交道；如何快速沟通；日方如何更有效率地工作；哪种方式对合资企业最有利等。尽管在当时，并非所有人都对这种用 9 个月、开上百场讨论会、涉及中外方高管和部分员工代表近 300 人来寻找问题的做法完全理解。

闭门会议整整持续了一天半。这一天半里，东风日产高管们想清楚了一件事——要彻底解决内部问题，大家就必须坐在一条板凳上做事，用一个声音、一个步调，去追求企业的共同目标。至此，尽快推出"东风日产行动纲领"的呼声已成共识。

行动纲领开创了汽车业界先河。2005 年 3 月，东风日产

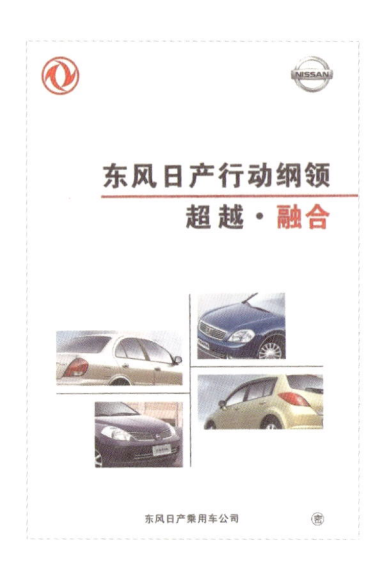

设立编写事务局，2005 年 11 月，长达 1.8 万字的"东风日产行动纲领"出炉。作为东风日产的世界观和方法论，行动纲领明确了"共创价值，共谋福祉"的共同愿景和企业使命。

迥异于很多中国企业推出的基本法，行动纲领并不限于对价值观的描述，它还梳理了企业运营规则，最终落脚点是具体行动细则。很显然，比行动纲领本身更重要的是制定行动纲领的过程，这个过程使中日双方从世界观和方法论，到企业治理理念，再到各价值链的做法，彻底达成一致。

行动纲领获得东风有限以及双方股东的高度评价，自此成为东风日产的管理圣经。根本路径廓清后，东风日产自此节节攀升——2005 年销量迅速提升至 15.7 万辆，同比增长 157%。此后数年，它以高于行业 3 倍增速向前推进，其复合增长率更

第四章 | 学习与融合

2003年7月8日，东风汽车有限公司商用车公司成立

是达到68%。甚至在全球金融危机席卷而来的2008年，它仍一枝独秀，成为中国前十大乘用车企中唯一一家没有调整销量目标并超额完成的汽车制造商。

做好汽车市场并不容易。当乘用车板块不得不用停产方式来解决难题时，商用车板块的日子也不好过。

商用车板块原来由东风公司运营，合资后要提升产品品质，需要改变原有工作方式和工作流程。为此，日产汽车花费很多精力对其进行改善，但却遭到中方的强烈抵抗。后者认为，日产汽车不懂中国的商用车市场，对其提出的方案表示否定。

一度困难到什么程度？"让他们理解并支持我们，大概花了一年多时间。真的很困难，尤其是合资初期，东风很多人都不理解。"中村克己说，"晚上我经常睡不着，醒了就起来喝酒（威士忌），酒后再睡一会儿，3小时后又醒了……虽然存在很多困难，但还是要坚持。我也非常自信，我们肯定能渡过难关。"

导入日产QCD（Quality质量、Cost成本、Delivery on time交货期）管理理念就是一个艰难的过程。QCD的指导思想是，以质量为中心，彻底消除浪费，追求客户要求的质量、成本及交货期的统一。

东风有限专门设立QCD总部，下设QCD改善规划管理部和质量保证部。16名来自QCD总部、4名来自制造总部的日产专家在生产线上蹲点，或以派驻，或以技术支援形式导入日产生产方式NPW（Nissan Production Way）。

应该说，日产汽车和东风公司的确是两个开明且互相体谅的东家，即使是在内忧外患、压力重重的时候，双方都没有跳出来对中村克己指手画脚，也没有对他带领的经营团队施加任何压力。两个股东的处理方式是，坚持合资方向的正确性，合资之后的发展问题就交给中村克己，交给经营团队决定。

"虽然在谈判时，苗（圩）总非常严格，但我到十堰去工作后，他对我非常好。他说：'一个日本人，能到十堰的山里来工作，来生活，太不容易。您有什么困难，有什么问题，我都可以帮您解决。'他给过我很多帮助和建议。"中村克己由衷地说道。

他没有辜负这种信任。管理团队在实践中认识到，问题不在于双方话语权之争，而是思维方式和做事方式不同使然。而这可以通过加强沟通，求同存异，取长补短，在互相尊重、互相理解的基础上，通过实践达成彼此信任。

"双方的合作必须秉持相互尊重、相互理解。"苗圩认为。在合资企业建立初期，双方就制定了一个 2^3 计划，也就是经营要实现两位数的增长（第一个2），效益要达到两位数以上（第二个2），还有最重要的就是两种文化的融合（第三个2）。"特别是第三个2，至关重要。每一家企业都有自己的企业文化，如果都坚持自己的价值观互不相让，最后会变得各行其是，而且让下面的人无所适从。从这一点上来说，要想合资合作取得成功，必须兼收并蓄，建立一种相互包容、相互学习的新的文化。我们要有文化自信，坚持和而不同。"苗圩说。

两个母公司的优秀文化合并起来，形成东风有限自己的文化、自己的人才观，让东风有限成为"黄埔军校"。这些人才在东风有限得到升华，后来被各自的母公司吸收。看看东风公司，很多人才都是从东风有限贡献过去的；再看日产汽车，凡在东风有限工作过的，回去后都得到了提拔。

第一个中期事业计划

2003年11月24日,也就是东风有限成立4个多月后,北京的冬天已经寒意袭人,东风有限赶在年底前,在港澳中心发布"2^3中期事业计划"(2004—2007年事业计划)。

2003年11月24日东风汽车有限公司发布"2^3中期事业计划"

这是双方合资后第一个中期事业计划。其主要目标是:到2007年,东风有限销量和收入增长两倍,分别达到62万辆和800亿元;营业利润率达到两位数10%,即80亿元;东风公司和日产汽车两个合作伙伴达到"融合与和谐"。东风有限将为此投入 150 亿元，成为具有全球竞争力的汽车制造商。

东风有限中期事业计划，主要根据对企业现状分析评价和对未来事业环境预测，而提出经营目标（销量、收入、利润）、突破课题及事业计划研讨流程等，经东风有限经营管理委员会批准，向总部各职能部门和各事业部展开。

"这是我们的第一个事业计划，由具体负责的总部长参与制定，日方肯定没问题。但中方第一次听说事业计划，当时也有各种各样的意见。我印象最深的是，中方写计划往往都是长篇大论，很少提及具体数字，我说这样肯定不行，在会议上，我总强调必须有具体数字。"中村克己说。

他后来才知道，私下里大家都称他为"数字总裁"，意思是计划没有数字，总裁肯定通不过。这是一方面。另一方面，这个数字不能没有意义，而是必须经过大家努力才能达到。

但与事业计划的具体内容相比，发布会上国内外媒体更关注的是，与东风公司这个国有企业合作，日产汽车能管理好吗？中村克己颇有艺术性地回答："当然能。"但其实，他心里多少也有些忐忑，一方面，如果管理团队能正常运营，诸如商品计划、降成本等这些事业计划的具体目标应该可以完成，但另一方面，实际运营过程中，双方能否正确理解目标并提供支持，仍具有不确定性。

雷平对此深有感触。他是土生土长的东风人，自 1984 年 7 月分配进入当时的二汽，2003 年 6 月 6 日起担任东风有限经营规划部部长，负责战略制定，2009 年调任东风公司经营管理部副部长，2011 年升任部长，其间他从未远离东风有限经营规划部工作，2016年8月，他升任东风有限执行副总裁，2018年5月调任中国一汽副总经理。

在任东风有限经营规划部部长期间，雷平的第一个任务是研究到2007年，东风有限要成为一个什么样的合资公司，其基础参考资料来源于谈判期间编制的项目可行性研究报告中涉及的事业计划。

东风有限成立之初，体制上较有特色，除总部设有综合性的经营规划部外，另外还设有6个专业规划部：一是商品规划，包括商用车商品规划总部和乘用车商品规划总部；二是研发资源规划；三是制造规划；四是采购规划；五是人力资源规划；六是信息规划。"日本人做事讲究谋定后动，谨慎决策迅速行动，做规划时反复权衡，一旦制定完成，就遵照执行，所以，他们对计划非常在意。"雷平说。

那真是一段没日没夜的奋战时光。中方没有制定中期事业计划经验，就边干边学，和日方派驻员经常一起讨论到晚上。有时为开好一次研讨会，搜集资料到第二天早上，洗把脸、打好领带又去参加会议作汇报。埋头工作十几天后，2003年7月6日左右，经营规划部向东风有限提交了第一版中期事业计划初稿，按照雷平的说法，"相当于提交了一个目标，非常粗糙"。

经营管理委员会（MC）是东风有限非常设经营决策机构，根据董事会授权，审议和决策公司管理与运营中的重大事项，中期事业计划是其中之一。经营管理委员会有8名委员，中日双方各4名，按照计划，每月召开两次会议，根据需要，也可临时召开专题会议。

尽管过程曲折，但 2^3 计划仍如期实现。东风有限销量从 2003 年的 29.8 万辆提高到 2007 年的 61 万辆，增幅达 105%。其中，商用车销量 32 万辆，较 2003 年增长 40%，乘用车销量接近 30 万辆，是 2003 年的 4 倍多。

还有些不易被外界察觉的收获。2006 年 5 月 18 日，东风商用车在十堰基地总装配厂发布东风天龙 / 大力神系列产品，该产品系列涉及两大平台三个类别，11 个车种 51 个车型，动力覆盖范围 260—420 马力。对东风有限来说，这是一个具有里程碑意义的分水岭事件，标志着日产研发流程在商用车板块的落地。

在此之前，商用车板块沿用东风技术中心流程——先上市，让客户试乘试驾，收集反馈问题并做修改，一年后再正式上市。但日产汽车认为这个流程不对，产品上市就必须保证品质。日产研发流程导入之初，中方根本不能接受，日产汽车又把负责设计的专家请到十堰，从一个个零部件开始，告诉他们怎么设计、怎么画图纸、怎么检查，花两年时间才让对方逐渐接受，并按照日产流程操作。

2007 年，东风商用车迎来重要转折年，初步完成以 D310 和 D530 为代表的全系列中重卡更新换代。东风中重卡市场占有率继续保持行业第一，大马力重型卡车优势明显，困扰东风商用车多年的商品结构问题得到解决，280 马力以上重卡销量占比 27.7%，同比增长 12.6%。产品出口到 20 多个国家和地区，同比增长 347%。

2008年,中村克己调任雷诺集团执行副总裁,这位开拓者再次启程,踏上前往遥远法国的征战之路。

东风有限第二任总裁的权杖,则交至另一个中村手里,他叫中村公泰。

第四章｜学习与融合

又一个中村

　　2007年12月底的一天，时任雷诺－日产联盟CEO与时任日产汽车高级副总裁的中村公泰进行了一次谈话。这次谈话的主题，是让他到中国武汉接任东风有限总裁的职位。

　　"2003年东风有限成立时我就是董事，这期间多次到中国出差，访问相关公司和研发部门，所以当我被指派担任总裁时，我没有任何的意外，有充分的心理准备。"中村公泰坦陈，他和中村克己都是研发出身，两人曾多次讨论中国市场接下来要投放什么车型，这对他后来的工作有很大帮助。

东风汽车有限公司第二任总裁
中村公泰

　　其实在这之前，关于中村公泰将出任东风有限新总裁的传闻已沸沸扬扬。"下一任总裁肯定是你。"很多日本同事这样对他说。"为什么派我去？"消息确定后，中村公泰分别向日产汽车四位高层抛出疑问。出乎意料的是，这四位高层的答案

103

几乎如出一辙："因为你经常跨界，除研发外，对制造和营销也很关心，是最合适的人选。"

中村公泰从小就喜欢交通工具，18 岁时便迫不及待地考取了驾照。1980 年 3 月，他从日本庆应义塾大学大学院工学研究系毕业，源于对汽车的热爱以及学业的专业性，次月便加入离家较近的日产汽车。工作第二年，旧日产汽车和旧王子汽车的开发部门实现了统一，他也经历了具有不同文化背景的两家公司研发部门的整合。

1980 年代的日本，将本国生产的汽车销售到国外并在海外开设工厂已渐成趋势，日产汽车进而开始探讨在海外设立开发部门。中村公泰工作 8 年后，日产汽车在英国成立欧洲技术中心（现在的日产技术中心欧洲公司），33 岁的他作为第一批外派员工长驻英国 4 年，这是他第一次与外国人共事。1999 年雷诺–日产联盟成立后，2000—2007 年期间，他一直和雷诺的员工一起工作，接受了如何与不同文化的人开展沟通，如何进行团队建设等方面的专业培训。

亦因此，与不同国家、不同公司、不同民族的人一起共事，中村公泰在实践中积累了心得——第一步要理解对方，第二步要尊敬对方，第三步要信赖对方。"否定对方是很简单的事情，因为对方的历史背景、社会制度、成长环境，包括饮食等都有很大差别，很多人容易马上否定对方，但我始终以这三个步骤来要求自己，这些经验在担任东风有限总裁时发挥了很好的作用。"

2008 年 4 月 1 日，中村公泰欣然前往中国武汉赴任。东

东风日产花都第二工厂竣工投产

东风日产大连工厂开工典礼

2008年5月28日，东风汽车有限公司发布1³中期事业计划

风有限员工很快就发现这位新总裁的领导方式很有些不同。他不再像前任总裁那样每天过着苦行僧似的清教徒生活；他会拼命工作，却也乐于享受生活；他喜欢喝酒和打高尔夫，很愿意跟大家打成一片。

中村公泰第一次让业界印象深刻是在2008年北京车展期间。略显清瘦的他穿着深色西服，鼻梁上架着无边框架眼镜，三七分头发纹丝不乱，他首次以东风有限总裁身份亮相并接受采访。

"我叫中村，我的前任也叫中村，第一件事就是希望大家记住我的长相和名字。"一番颇具亲和力的开场白后，他说，"中村克己总裁是把东风有限从零发展到今天的非常伟大的领导者……这是我非常羡慕的。"紧接着，他话锋一转："但对我来说，可以用一句话来概括——不能输给他！"

从 2008 年到 2014 年年初，不愿服输的中村公泰在武汉度过了东风有限最为迅猛发展的 6 年时光，外界因此将他喻为"福将"。在其任上，东风有限前后发布了两次中期事业计划，分别是"1³ 计划"和"新 1³ 计划"，其中 1³ 计划提前两年完成，2012 年产销突破 130 万辆。

这个时期，东风有限事业版图急剧扩张，新建东风日产花都第二工厂、东风商用车重卡新工厂和郑州日产第二工厂；先后导入两个新品牌，日产汽车高端品牌英菲尼迪和东风日产合资自主品牌启辰；启动北上战略，东风日产第四工厂落户大连。此外，中村公泰还带领东风有限渡过两次危机——2008 年全球金融危机和 2012 年钓鱼岛事件。

2008 年 5 月 28 日，东风有限在北京发布 1³ 中期事业计划（2008—2012 年）。要点有三方面：其一，继续保持强势增长，实现销量 100 万辆、销售收入 1000 亿元。其二，继续坚持优化运营，在产品制造质量、销售和服务质量及成本竞争力方面，继续保持一流水准，确保产品竞争力。其三，在双方学习和以公司利益最大化的原则基础上，创建充满活力的企业文化，成长为一个备受信赖的公司。

"1³ 事业计划基本沿用了中村克己总 2³ 事业计划架构，后者是强势增长，前者没有使用增长两倍字样，而是销量达到 100 万辆、营收达到 1000 亿元目标。运营效率优化的目标是品质最好、服务最好。"中村公泰解释道。

对于外界认为该计划没有提出明确利润增长指标，会不会有些偏于保守的质疑，中村公泰的理由是，中期事业计划不仅要让经营管理层熟知，还要让每位普通员工深入理解，既简单易懂又目标明确，因此采用粗线条的表述。"如果把利润或者营收这些词放进去，给大家的感觉更像是这家企业只追求利润最大化，但其实，公司成长是更重要的部分。"

细心者可以发现，1³事业计划的底层基础，采用"备受信赖的公司"这样的表述，原因在于，此时的东风有限已成为一个整体，能为利益相关方提供更好的产品和服务。2010年东风有限销量超过百万辆，达到127.5万辆，向员工征集企业文化标识时，"备受信赖的公司"被采用，且一直沿用至今，成为东风有限的一张名片。

尽管1³事业计划执行之初，便遭遇2008年全球金融危机的侵袭，但因得益于中国汽车市场的潜力释放，以及日产汽车在日系企业中的相对开放，东风有限逆势而上，在汽车销量和收益等方面，成为中国市场增长最快的日系企业。一种说法是，每次回日产汽车总部汇报工作，中村公泰都昂着头，因为东风有限作出了很大贡献。

东风有限这台战车速度越来越快。2010年，中国汽车销量反超美国，成为全球第一大汽车市场。其实早在6年前，中村公泰便预测，中国必将成为全球第一汽车市场。"但我没料想到的是，这一切会来得这么快。"他感慨道。

中国汽车市场这种快速增长动力和巨大潜力，无疑给急速前进的东风有限再添一把火。受益于此，东风有限提前两年高质量完成1³事业计划，东风商用车实现"中国第一，世界前三"

目标，乘用车板块东风日产更是成为中国车市举足轻重的一极。

中村公泰认为，原因是"我们采用了适合中国汽车市场发展趋势的一种战略"。当时合资公司推出高端车型较多，中国本土企业又偏重于中低端产品，而消费需求已经从沿海城市过渡到二三级城市，市场需要一款 B 级车。

"我们积极投入 1.5L B 级车的研发，颐达和骐达都用这个平台，正好顺应了中国政府对该级别车辆进行 3000 元补贴的振兴政策。反观其他公司，B 级车战略还没开始，而日产汽车在中国只有一个合作伙伴，这样我们就能集中所有精力和资源去开拓市场。"中村公泰分析道。

东风有限风华正茂。2011 年 7 月 26 日，中外双方在北京发布"新 1^3 事业计划"（2011—2015 年），这是其成立以来的第三个中期事业计划。几个关键目标是，5 年内在中国投资 500 亿元；投入 30 种新车型；将汽车销量扩大到 230 万辆；销售网络由 1400 家扩充到 2400 家。

只不过，中国汽车大市场的狂飙猛进仍然超乎意料。"尽管每年做预算时，我都会充分考虑市场情况，但每年实际达成数字依然远远超过目标。"中村公泰颇有些自豪地说，新 1^3 事业计划中，第一个比较大的变化是增加产能。"中国汽车市场发展趋势，一是从乘用车转向 SUV，二是从高端车型转向高中低车型全面覆盖，东风有限当时面临的困境是，产能无法满足实际所需。"

在新 1^3 事业计划中，东风有限呈现给外界一张急剧扩张的新版图。这张新版图包括——东风商用车十堰新工厂、东风股份常州工厂和东风日产花都第二工厂投产,以及建设发动机、变速箱等动力总成新工厂。

第二个比较大的变化是所有事业板块稳定增长。中村公泰认为,东风有限已经实现稳步发展,考虑到投资方向不只局限于乘用车,还包括东风品牌产品,因此希望实现合资公司整体利益提升。

一切都顺风顺水。如果没有那场突如其来的钓鱼岛风波,东风有限或许会在 2012 年收获更多。但正是在这一年,黑天鹅突然降临,它打乱了所有日系企业的步伐,东风有限也未能幸免。

最严峻的一年

形势急转直下。

受钓鱼岛事件影响，2012年中国车市可谓跌宕起伏。当年东风有限累计销量136.5万辆，同比下降7.6%——这与其连续8年的持续高增长态势形成强烈反差。

"2012年是我任期中形势最严峻的一年。"中村公泰说，日产汽车是较晚进入中国市场的跨国公司，但却是日系品牌中发展最快的企业，"正因为在日系企业里发展最快，所以受影响更大。当然，对我们来说，这也是一种磨炼，我们的业绩恢复速度在日系品牌中最快。如何更快更好地恢复到原有水平，是我们当时面临的新课题。"

"那时候销量跌了一半，日产汽车总部也有各种各样的声音。日产高层问我，在这种情况下什么时候能够恢复正常？"中村公泰说，他每天都感到苦恼和焦虑，日本总部同事通过媒体报道从外围看这个事件，与身处现场的他得出的结论完全不同。他的工作就是，每天以邮件或者电话形式向日本总部汇报一线真实情况，向日本总部提供制定政策的正确信息，并对未来进行预测。

最主要的工作往往也是最难的事情。为让日本总部了解中国市场动向，自2012年10月起，中村公泰每月都要回一次日本，向日本总部作详细汇报。尽管其建议也会受到质疑和挑战，但让他欣慰的是，关键时刻日产汽车决策者站在他这一边，因为他"在中国现场，对中国现况最了解"。

来自日本总部的压力，往往止步于日产汽车派驻员，没有传达给中方。这是中村公泰凭借多年职场经验和商业直觉作出的判断。这种直觉是经过长时间工作，经历种种磨炼之后积累起来的经验，也是他为日产汽车效力30多年总结出来的重要经验。他的另一个判断是，把市场和销量的恢复拜托给中方。

事实证明，正是因为"对中方领导和同事的充分信任，日产汽车才能如此快速恢复业务"。

那时，东风日产已成为东风有限旗下最耀眼的明星。继行动纲领把话语权之争变为理解、尊重、信赖、合作双赢文化后，2009年，东风日产再次按下暂停键，一场自下而上的大讨论由此形成。第一步，做问卷调查，让员工如实写出问题。第二步，将这些问题整理归类，贴出公示。第三步，分小组讨论，对号入座，把根源、表现形式和改善方式以不具名方式贴条。第四步，对问题清理归类，各小组发言。

2009年7月18日，东风日产全体高管齐聚广东中山，讨论形成并发布《东风日产高管宣言》，以此规范干部和引导员工行动。

某种程度上，高管宣言实质是重温行动纲领，再攀事业高峰，主要内容包括"十个提倡，五大反对"。字里行间并没有回避大企业容易滋生的各种矛盾，它强调效率，强调服务意识，反对官僚主义，反对本位主义，希望东风日产能一如既往地拥有和发挥股东与大公司的优势，提高运用资源的能力，更要保有小企业的灵活、对成功的渴望和对市场的敏锐，始终保持创业激情和进取精神。

到 2012 年岁末，在众所周知的钓鱼岛事件中，东风日产领先其他日系品牌，迅速作出反应。钓鱼岛事件发生第二天，东风日产便通过全国经销商，向消费者传递企业声音和承诺。2012 年 10 月 18 日，在《安全保障承诺书》里，东风日产对 400 万名车主这样写道："我们郑重承诺，在特定意外事件背景下，由第三方恶意造成的车辆损失，东风日产将全额承担。"又一个月后，在当年广州车展上，东风日产再次对新老客户发布品质保障承诺。

新产品发布成为刺激市场的方法之一。2013 年 3 月 18 日，东风日产发布全新天籁，4 月 12 日，推出新骊威……市场逐渐回归理性，钓鱼岛事件发生时，东风日产业绩陡然下降 50%，至 2012 年年底，销售曲线止跌回升，逐月攀升，至 2013 年 4 月，这条曲线便超过去年同期水平，东风有限销售业绩恢复到往常水平。

这种背景下，尽管中村公泰任期已满，但东风有限两个股东都希望他继续留任，以保持策略的稳定性。愿意在非常时期留下来的中村公泰对未来充满信心，他在 2013 年 4 月的一次访谈中表示，新 1^3 事业计划仍会稳步推进，东风有限计划在中国投资 500 亿元、未来投放 30 种新车型的目标不会改变。

有变化的是，由于制订计划时未考虑到突如其来的事件风波，故后续投资实施节点也相应地作出调整。再加上东风公司与沃尔沃集团联姻成立新商用车公司,日产汽车将退出东风有限商用车业务,原定的销量目标相应缩减。

东风商用车于 2012 年从东风有限板块中剥离,这其实是一个务实的选择。2003 年大规模合资之初,东风有限的责任包括支持东风品牌商用车发展,但日产汽车没有中重卡领域相关的经验,也没有相关产品,只能派遣技术工程师,从设计、采购和生产流程方面提供支持,中方将这些导入后,在品质和成本控制方面取得进步。

时移世易。9 年后,"能从日产汽车吸收学习的东西基本都已学到,这时日产汽车已无法提供更具体或者更深入的支持。"中村公泰说,此时此刻退出,可谓水到渠成。

有些基因被永远留下。

2014 年年初,中村公泰升任日产汽车副社长,负责 TCSX(整体客户满意度)工作,2020 年 3 月从管理职位上退下来。谈及作为东风有限决策者的管理经验时,他总结自己恪守了三个原则:一是倾听对方的意见,二是决策过程透明化,三是自己作出的决策自己负责。

一手托销量,一手托利润

关润长着一张棱角分明的脸,初看起来有些严肃,但大多时候都会写满笑意。他的头发梳理得很整齐,露出宽阔的额头,说话时喜欢辅以手势。他的指甲修剪得很干净,但有些稍长,腕间一块蓝色手表,与蓝色领带相得益彰。因为他的姓氏"关(Seki)"的发音接近英文 sexy 的发音,私下里,大家也喜欢开玩笑地叫他"Sexy 桑"。

东风汽车有限公司第三任总裁 关润

2014 年年初,关润从中村公泰手中接过东风有限第三任总裁的权杖。这个任命其实早有预示,自 2013 年 4 月起,他就被派驻中国武汉，担任东风有限董事兼副总裁，负责商品和EV业务。

这是关润第三段海外职业生涯。1986年，他进入日产汽车驱动生产技术本部，29岁时作为普通工程师被派往日产英国工作，3年后回到日本。1997年担任驱动生产技术部主管，4年后作为技术负责人被派驻日产北美，在美国工作四年半。

2012年，关润升任日产汽车执行董事，负责亚洲事业和相关公司管理工作，冥冥之中似乎是为到中国赴任做准备。

关润从中村公泰手里承接下来的，是日产汽车全球最大的区域市场，其2013年销量已占据日产汽车全球销量的四分之一。

关润在中国度过了5年时光，担任东风有限总裁4年零3个月。这4年多来，他的成绩单如下：2017年，东风有限销售汽车152万辆，同比增长12.2%；营业额1,848亿元，同比增长15.2%；市场份额从2016年的5%提升至5.6%；利润同比增长11.2%，均创历史最好纪录。

这些数字还可以从双方股东角度进行解析。在日产汽车606.3万辆全球销量中，东风有限贡献度为25.1%，在东风公司2017年412.1万辆销量中，东风有限贡献度达到36.9%。"我们为两个母公司的营销数量和经营质量作出了应有的贡献。"关润说。

而隐藏在这些数字背后的，是东风有限自2003年成立伊始便奉行的"一手托销量，一手托利润"经营哲学。此后经年，尽管世事沧桑变幻，这两个准则从未有过更改。

东风英菲尼迪 Q50L 在襄阳工厂下线

关润在任期间,东风有限的努力和改变主要集中在三个方面。

其一,整车工厂在品质、速度和成本方面狠下功夫。比如生产制造,也就是造物能力,达到合资公司成立以来最高水平。

在关润任上,东风日产完成四地(花都、襄阳、郑州、大连)八厂布局,且各有侧重。其中,花都工厂定位规模车型母工厂,着力生产日产品牌入门级、中级轿车以及电动车。襄阳工厂定位品质标杆工厂,以生产日产品牌高端车型为主,自 2014 年 11 月开始生产英菲尼迪品牌车型。郑州工厂追求效率第一,成本最优化,主导日产品牌 SUV 车型和启辰品牌车型的生产。大连工厂定位魅力工厂,于 2014 年 10 月投产,主要生产日产品牌 SUV 车型和英菲尼迪品牌车型。

东风日产襄阳工厂荣获英菲尼迪 4.5 认证工厂

东风日产大连工厂荣获英菲尼迪 4.5 认证工厂

它们有多先进？东风日产整车工厂在雷诺 – 日产 – 三菱联盟工厂综合竞争力排名持续保持最高水平，至 2021 年整车实现 10 年 8 冠。此外，花都工厂力夺日本能率协会"Good factory"高含金量奖项，襄阳工厂和大连工厂还先后获得英菲尼迪全球 4.5 分（满分 5 分）认证授牌。

4.5 分意味着什么？这意味着与英菲尼迪日本生产基地枥木工厂处于同等水平。

其二，推进人才本土化。

"这 4 年我有个重大调整，在一些重要岗位上的日产派驻员，尽可能地使用中国人才。" 2018 年 3 月 28 日，他在离任前的一次访谈中表示。

在其治下，日方派驻员里，非日籍的派驻员达到 15 人。人才本地化是日产汽车国际化特征之一，欧洲业务主要由欧洲人具体经营，墨西哥市场由墨西哥人实际操作。"中国人才本地化比其他区域慢，现在终于迎头赶上。"关润对此有着实事求是之心，"效果可能不会立刻体现，但只要以更高更远的视野来看，再过 10 年、20 年来看，东风有限的特点和优势就会显现出来。"

具体来看，对一些部长级干部，利用雷诺－日产联盟优势，选派他们到欧洲、美国和日本接受锻炼，将其培养成国际化人才。对下一个时代所需人才，提供资源和支持，让他们更快成长。对生产一线的人才培育，也同步推进。几年下来，东风有限员工士气和干劲都有很大提升。而这些，都是关润给东风有限留下的财富。

其三，东风有限旗下各事业板块，以及每个事业板块销量和收益之间的平衡发展。

这个问题早在几年前就已经显现，但一直没有找到有效的解决办法。关润认为，中国市场很大，但发展模式有所不同，以前几乎所有企业都能得到发展,但最近两年出现分化,如果企业不够强势,就得不到发展。所谓强,就是对任何变化都有很强的适应能力,而且还要有远见。

"接手东风有限时,它本身就是一个发展得不错的公司。但到现在,它已经变成一个对任何变化都有非常强的适应能力的公司,我们奠定了这样的基础。"关润说。

以东风日产为例,2014年年底,经过一段人事变动煎熬期后,它逐渐回归轨道。按照惯例,每年12月它几乎都会把力量用尽,来年1、2月往往又带着比较疲惫的状态开始,但到2016年、2017年,这种状况发生了变化——岁末时就为下一年年初留下余力,使经营发展相对平衡。

与此类似,一般来说,东风有限第一季度市占率较低,第四季度市占率较高。经过逐步调整,其2018年第一季度市占率高于往年。

改变也在不经意间发生。一个重要变化是,郑州日产从东风汽车股份中剥离,直接隶属东风有限管辖。自2016年起,因产品竞争力不足,郑州日产收益不佳。剥离出来后,郑州日产重新定位为"中国皮卡第一品牌",专注于皮卡以及在皮卡基础上改造的SUV领域,也就是非承载式SUV领域。产品方面,2017年推出日产纳瓦拉(NAVARA)备受好评,销量逐步上升,2018年4月发布日产途达(TERRA)。战略协同方面,东风日产利用郑州日产富余产能生产,而对一些有竞争力的车型,郑州日产则使用东风日产渠道销售,双方借此达到共赢。2019年,郑州日产开始赢利。

2018年2月5日，东风汽车有限公司发布 DFL TRIPLE ONE 中期事业计划

　　根本性的变化是开展战略研讨。为使东风有限与股东双方战略保持一致，自 2017 年 4 月起，东风有限每年举行两次战略研讨会，并在此基础上，召开有雷诺 – 日产 – 三菱联盟高层参与的峰会。"公司规模越来越大，发展越来越快，有些决策比较耗时。为避免这种状况，把最高层领导集中起来定期举办峰会，能加快决策。"关润说。

　　此外，在人力资源和组织机构方面，东风有限也作了相应调整。换言之，迈向下一个时代发展的基础平台已经构建。

　　2018 年 2 月 5 日，东风有限在北京嘉里中心发布第四个中期事业计划——"TRIPLE ONE 计划"。该计划包括三个雄心勃勃的目标：到 2022 年，一是销量达到 260 万辆；二是销售收入达到 3000 亿元；三是成为中国三大合资汽车制造商之一。

TRIPLE ONE 计划还包括日产智行（Nissan Intelligent Mobility）——东风有限旗下所有品牌将导入高级驾驶辅助系统（ADAS）、日产 ProPILOT 技术、日产 e-POWER 技术和智能互联技术。自 2019 年起，在中国引入 L1 级和 L2 级自动驾驶技术。将启辰品牌比较成熟的智能互联技术扩展至其他品牌。

2018 年 4 月 10 日，关润奔赴法国，履新雷诺 - 日产 - 三菱汽车联盟高级副总裁。

至此，东风有限的发展轨迹，冥冥中顺应了三任日产汽车派驻总裁的名字——中村克己，因为克己，所以成功；中村公泰，因为公正泰安，所以被喻为福将；关润，关注利润，重本地化，闷声发财。

透明、尊重和信任

从关润手中接过东风有限总裁权杖的是内田诚。内田诚有着一张略显严肃的脸,他不苟言笑,三七分的头发有一半是银丝,白衬衣上常系着一条暖色领带,竖条西服上别着一枚日产徽标。

东风汽车有限公司第四任总裁 内田诚

作为东风有限第四任总裁,内田诚在这个职位上只待了1年零8个月——自2018年4月1日至2019年12月1日,随后便升任日产汽车首席执行官。东风有限权力交棒至第五任总裁山崎庄平手中。

内田诚第一次知道要被派往中国是 2017 年，当时他担任日产汽车副总裁，负责雷诺-日产-三菱联盟采购。内田诚在埃及长大，在马来西亚的美国学校念书期间，开始对文化和宗教信仰的多样性感兴趣，因此，回日本上大学时，他没有选择颇为风靡的经济学和法学专业，而是选择了神学院。

1991 年 3 月，内田诚从日本同志社大学毕业，同年 4 月进入日商岩井株式会社。至 2003 年 10 月加入日产汽车前，他为三菱汽车效力 5 年零 8 个月，先后被派往菲律宾和委内瑞拉等国家。2006 年 4 月，内田诚负责雷诺-日产联盟采购组织（RNPO）。其后 10 年，他转战过雷诺三星汽车、担任日产汽车副总裁等职位，深谙采购和财务管理之道。

内田诚继续推进东风有限中期事业计划，其中包括——投资 600 亿元用于可持续发展；致力成为中国市场智行科技领域首屈一指的汽车制造商；加大新能源汽车投入等。

东风有限也在进行新一轮变革。这个变革发生在 2018 年 6 月东风公司举行第九次党代会，确定到 2023 年实现"三个领先，一个率先"的奋斗目标（"三个领先"是经营质量行业领先、自主事业行业领先、新兴业务行业领先；"一个率先"指东风员工高质量跨越小康，率先享有新时代美好生活）。

带领东风有限改革的中方负责人是周先鹏。这场不事张扬的改革以"战略引领，共体导向，蹄疾步稳"为原则，具体做法有三：

其一，重构现有职能体系，厘清东风有限总部与旗下各事业部的整合关系。总部专注于战略引领，对各事业部充分授权。

其二，优化各事业部，将东风有限旗下七个事业板块划为三方面业务。一是乘用车业务，包括东风日产、东风日产启辰和东风英菲尼迪。二是轻型商用车业务，包括东风股份和郑州日产。三是零部件装备业务。

三是，以市场化导向推动制度改革，真正做到干部能上能下，员工能进能出，收入能高能低。同时采取高管聘任制和引入职业经理人等措施，基于个人对公司事业成长作出的贡献给予相应报酬。

东风有限为改革投入相当精力。比如在理顺总部和事业部关系方面，尤其是在DOA（Delegation of Authority，授权决策体系）方面，无论是人事还是投资，给事业部更大授权，使之能更灵活机动地应对市场变化，形成良好互动。

内田诚表示，让东风有限实现变革，让股东更好地理解中国市场，既是他的使命所在，也是日产汽车将他派驻到中国的原因。毕竟只有到中国实地体验后才能真正理解，中国客户需求变化比其他市场更快。

如何快速适应？一是产品到达市场的时间要及时（time to market）。二是要为中国市场设计(design for China)，先清楚客户的真正需求，再灵活迅速地适应。

2018年广州车展期间，内田诚赴任后首次接受中国媒体采访时说："这7个月里，我学到了一点：中国是个很不一样的市场，你不能把海外一项技术或者一个产品直接拿过来，期待它自然增长……我的角色就是，把真实信息及时传递给日产汽车和东风公司,保证动作及时迅速。从母公司那边拿来有竞争力的产品,并及时送达市场。"

智能网联就是一个典型例子。目前,几乎所有中国汽车制造商都在不遗余力地推施智能网联技术,与其他国家和区域相比,中国客户的需求和使用频率也更高。"如果只是坐在日本办公室隔岸观火,很难感受到真实情况。"内田诚说,他的任务就是快速响应,将日产智行(Nissan Intelligent Mobility),包括雷诺 – 日产 – 三菱的好技术导入中国市场。

另一方面,他也会将成功的中国经验努力推广到日产汽车体系内。比如智能网联技术让启辰品牌先行,效果非常好,也让与启辰品牌建立广泛协作关系的日产品牌从中受益。截至 2019 年年底,日产品牌智能网联用户已超过 110 万,是汽车行业超过 100 万用户达成时间最短的企业。如果算上启辰品牌,双品牌智能网联用户已突破 140 万。

为强化协同,东风有限成立项目规划总部,统管新能源、智能网联和商品规划,着手从开发、技术、产品和新商业模式上进行整合。

对于东风有限的改革路径,内田诚在不同场合多次提及三个关键词——透明、尊重和信任。2018 年 4 月,东风公司董事长竺延风在东风有限干部大会上宣布他的任命后,他首次用这三个关键词来概述其施政方针。"这是我一以贯之的工具和哲学,是最重要的思想内容,它一直萦绕在我的脑海里。"他后来解释道。

首先是尊重。尊重历史,尊重文化,尊重员工,聆听大家意见，和大家一起努力工作。其次是透明。所有工作，无论好的还是坏的，都能在公开透明环境下开展，任何分歧、担忧、挑战都可以摆到桌面上来，及时暴露问题，及时做出应对。最后是信任。关注细节，并非事事都要抓在手中，要求透明，也并非事无巨细地件件通报，只有相互信任，自我变革，才能为东风有限事业计划的达成作出贡献。

全价值链协同

但内田诚还来不及完全实现其中国夙愿,就回到了日本,被历史洪流和时代巨浪推至日产汽车的最高职位。更大的舞台往往意味着更大的挑战,需要付出更多的努力。而接替他的是一个业界稍显陌生的名字——山崎庄平。

东风汽车有限公司第五任总裁 山崎庄平

2019年11月13日,山崎庄平被任命为日产汽车高级副总裁、日产中国管理委员会主席和东风有限总裁。

1992年3月,山崎庄平从日本一桥大学国际贸易专业毕业，随即加入日产汽车。至 2010 年 4 月前，分别担任第二项目采购部经理、联盟采购办公室经理和高级公理。自 2015 年 4 月后，历任日产汽车联盟采购办公室（RNPO）部长、联盟全球采购总监和日产汽车采购部企业副总裁、负责联盟采购的全球副总裁。

山崎庄平并非中国市场的陌生人。2012 年 4 月至 2015 年 4 月，他担任东风日产采购总部总部长。在东风日产人印象中，派驻中国广州 3 年期间，他一直比较慎言，但为人随和，"偶尔还有些小幽默，能让人感受到他的真诚和开放"，一位东风日产花都员工说。

后航海时代，需要更清晰的战略目标和战术手段，以及可以调用的综合型人才。混沌未明的茫茫大海上，东风有限当如何继续保持正确航向？

"就目标而言，我和前几任（东风有限）总裁类似，大目标是希望把东风有限打造成一个卓越的公司，一个备受信赖的公司，让所有利益相关方感到满意，让更多用户愿意购买我们的产品。" 2020 年 4 月底，身在日本的山崎庄平接受连线视频采访时说。

"我对前几任总裁的工作风格并不很熟悉，但我认为自己工作方式的最大亮点是注重效率。我希望能在正确的时间里，尽早解决所有面临的问题。"他说，过往职业经历要求他站在联盟角度，用联盟思维考虑问题，与供应商打交道的经验对管理东风有限非常有价值。

对山崎庄平来说，这是一个稍显仓促的任命，因为几乎没

东风汽车有限公司企业文化和 VI 2.0 发布会

有交接时间。"谈话最多也就一小时,而且基本都跟人事相关,业务层面完全没有。"上任后,他立即着手第二年年度预算,但与此同时,新冠肺炎疫情正眨着鬼魅的双眼而来。

5个月后,2020年5月5日,山崎庄平成为第一批从国外返回武汉工作的外国人。隔离14天后,5月21日,他出现在东风有限企业文化和 VI 2.0 发布会现场,这是成立17年后东风有限首次换新企业标识,并同步发布"打造全球领先的汽车出行产业链,成为备受信赖的公司"企业愿景。

留给山崎庄平的,是一个尚未完成的 TRIPLE ONE 计划。只是此一时也彼一时也,制订这个计划的前提是中国汽车市场处于增长态势,而在内田诚任上,一些苗头已经出现,比如中国汽车市场不是急剧上升,而是趋于平缓发展。

"当时已经有黄色警示信号，东风有限正准备采取应对措施，把这些问题一个一个落实。我到任没多久就发生疫情，黄色信号变成红色预警。"山崎庄平说，他将继续聚焦并推进东风有限的改革，就像内田诚为日产汽车所做变革那样，只不过两者的区别在于，日产汽车出现了赤字。

山崎庄平认为，疫情带来的最直观变化是，中国消费者根据品牌力来购车——或者至少疫情加快了这种变化速度。比如东风英菲尼迪和启辰品牌销量下滑，这两款车在细分市场品牌力较弱，而日产品牌价值定位相对较高，故受影响程度较小。

另一方面，"与过去十年相比，中国市场纯增量在减少，而且消费者越来越成熟，越来越有经验，这就需要真切了解中国客户需要什么，从上游到下游全价值链支持，推出满足客户需求和期待的产品"。

内田诚执掌下的日产汽车将中国定义为其关键市场之一，山崎庄平则希望走得更远。"我们希望把中国客户、中国市场，以及东风有限的优先度在日产汽车内部放得更高，更好地实现对中国市场、中国客户、中国设计的支持。"

一些商业模式已经改变。无论是东风有限，还是其他合资公司，过去的商业模式基本都是母公司开发产品，在中国进行生产和销售。但现在，把设计、开发、生产、销售等环节放到中国已成趋势，这一直是东风有限请求日产汽车总部支持的内容之一。

还有些外界看不到的静悄悄的改革，这些改革更多聚焦于改善技术、产品和新出行领域。2020年4月，东风有限新任命一位副总裁市川敦，主要分管新项目、新事业、新业务领域，跨事业部协同。2021年年底，市川敦兼任东风日产总经理高级顾问。

更大的改革动作是协同。"行业遇冷时构建大协同体系，更有利于攥成一个拳头出击，形成军团作战。"山崎庄平认为，过去东风有限的协同管理更多聚焦在 DOA 授权、治理结构、管理和造物等方面，但从 2019 年起，协同被提升到企业战略高度——全力推动包括商品企划、研发、采购、制造、营销、技术和管理在内的全价值链协同。

将启辰品牌和东风英菲尼迪调整进入东风日产体系管理，将东风装备调整纳入东风零部件体系管理，就是在这种全价值链协同战略下生长出来的枝条。以外界关注的东风日产和东风英菲尼迪的体系协同为例，确定全新管理方式和授权，前者拥有 800 多家专营店，后者相对较少，那就挖掘机会，在销售、服务及售后方面实现更多协同。

还有些跨事业部的协同，比如将东风股份生产的柴油发动机供给郑州日产皮卡使用，再比如 e-POWER 技术中一些关键零部件由东风零部件集团匹配生产等。生产领域导入 APW（雷诺－日产－三菱联盟生产方式），提升东风股份、东风零部件的 JPMH（单位小时人均产出）。

更多计划会在 2022 年陆续呈现。山崎庄平给出了明确时间表，"以 2022 年 1 月为目标，我们制定了一系列改革计划"。

回顾合资谈判和之后的运行，苗圩认为，中方从日产汽车方面学到了企业经营管理的方法，学到了精益求精干好每一件事情的认真态度，学到了"把有息的净负债降低到零"的无风险经营的理念，也学到了专注主业不盲目扩张的执着。

历史就像一幅画卷，纵使岁月更迭，纵使韶华不再，但创造和推动它们的主角却从未退场。当汽车四化不以人们意志为转移席卷而来，当传统汽车制造商纷纷布局移动出行之际，当突如其来的疫情扰乱全球汽车产业链条运行常态，当不确定的未来呈现在汽车制造商们的眼前时，20岁的东风有限将如何递交新五年答卷，无疑值得期待。

第 V 章

不止中国

2013年8月29日,日产汽车成立80周年之际,第三次日产Nissan 360活动在美国南加州托洛海军陆战队航空站旧址举行。共有来自欧洲、亚洲、非洲及美洲60多个国家的投资分析师、经销商、商业客户和媒体1500余人参加。这些宾客们在7条特别设计的赛道上,对100辆日产全球车型进行了1500多场试驾体验,驾驶里程累计48280公里,相当于环地球一周多,并对32款独具特色的产品进行品鉴。在活动上,42位日产全球高层、设计师、工程师和产品专家,对800位全球媒体进行专业讲解,全面生动地呈现日产汽车在技术领域所取得的最新突破和颇具前瞻性的商业策略。

这次Nissan 360活动最具特色的是中国专场——日产汽车中国区携英菲尼迪、东风日产和郑州日产亮相,中国元素令外界耳目一新。传递的信号不言而喻:中国已成为日产汽车最重要的战略市场——当时中国份额已占据日产全球25%强。

中国合资企业典范——东风日产风头正劲,其市占率从中国乘用车行业十名开外一路攀升到行业前五,并实现对日产汽车全球业务的价值反哺。此前不久,东风日产经验在波士顿举行的日产全球1500人经销商大会上分享。最瞩目的新星当属首次走出国门、在全球媒体面前亮相的启辰品牌,它被喻为东风日产全球化与创新的结果。

创新和激情推动日产汽车继续向前。2020年,受疫情肆虐和芯片危机影响,全球汽车市场普遍低迷,日产汽车在美国销量90万辆,欧洲销量41万辆,中国销量145.7万辆——比前两者之和还多。西方不亮东方亮,在惊涛骇浪袭来之际,庞

日产(中国)投资有限公司原总经理 木俣秀樹

大的中国市场成为日产汽车这艘巨轮的压舱石。

如果说通过与雷诺集团结盟,日产汽车快速走出泥沼,奠定了日产复兴的基础,那么,与东风公司合资,则帮助日产汽车在中国这个全球最大市场扎下根基,为其复兴大业锦上添花。事实上,从 2010 年起,中国已连续十余年成为日产全球最大市场,但它在中国的收获,并不只是庞大的汽车销量、丰厚的商业回报和一个鼓舞人心的商业冒险故事。

收获还有更多。2021 年,日产汽车在华销量超过 138 万辆,市占率达到 5.9%,实现全年经营利润目标,推出全新一代奇骏、e-POWER 轩逸和全新一代英菲尼迪 QX60 战略车型,面向全球开启电驱化零部件出口新业务。在智能交通系统和自动驾驶技术领域，日产（中国）与苏州市政府和文远知行 WeRide 合作，在未来移动出行和新能源领域，设立全新业务部门。社会责任方面，"日产筑梦课堂"项目受教学生人数达成 150 万人目标。

"作为一家负责任的汽车企业，日产汽车秉持在中国、为中国的承诺，在陪伴中国汽车产业共同成长的同时，也在不断挑战自我，寻求突破，以实现新的成长。"日产汽车公司副总裁（主管中国事业部）、日产（中国）投资有限公司原总经理木俣秀樹在"日产在华企业 2021 可持续发展报告"中写道。

在可持续发展道路上，日产汽车的目标是零排放和零伤亡。2020 年，中国政府宣布力争 2030 年前实现碳达峰、2060 年前实现碳中和，日产汽车紧随其后，于 2021 年 1 月发布碳中和目标——到 2050 年，企业运营和产品生命周期实现碳中和。其中，在 2030 年代在包括中国在内的核心市场的新车实现 100% 电驱化。

深耕中国市场，日产汽车始终坚持可持续发展，尽管很大程度上外界无法直观感受到。身处中国这个全球最大、消费层次最多、消费者最善变的汽车市场，日产汽车一直在不遗余力地践行这一经营理念——唯有可持续发展，才能走得更好，走得更远。以此视角视之，日产（中国）零部件出口事业壮大、日产中国设计中心向外输出中国文化，以及大力推行日产筑梦课堂项目，都是这种可持续发展经营战略结出的果实。

零部件出口坐二望一

日产汽车在中国一定会后来居上,这句话不仅适用于整车事业,同样也适用于零部件出口事业。

2021年7月15日,日产(中国)投资有限公司选择在充满时代气息的上海黄浦江畔——中国对外贸易重要发起地之一,举行日产(中国)零部件出口事业部成立十五周年暨电驱化零部件出口启动仪式。站在写着"中国创造,供应全球"字样的背景板前,木俣秀樹说:"中国是日产汽车的核心市场……作为日产(中国)重要业务之一,零部件出口事业规模现居日产全球第二,未来有望成为全球最大零件采购出口基地。"他说的时候笑容可掬,但语气却不容置疑。

木俣秀樹六七岁时就立下雄心志愿,将来要从事与汽车相关的工作。1985年,他从日本上智大学毕业后,选择加盟日产汽车,原因是"日产汽车更注重开拓全球市场"。短暂的实习期结束后,他先后转战于日产中南美事业部和中东南非事业部,实现了坐在父亲驾驶的汽车后座上时的许愿——活跃于世界舞台。

2009—2012年,木俣秀樹被派驻中国,担任东风日产市场营销高级副总裁,但其实,他对中国并不陌生。其一,2003年东风日产成立前,他就在日本总部对其营销部门成立给予过

日产（中国）零部件出口事业部成立十五周年
暨电驱化零部件出口启动仪式

支持。其二，网络营销方面，一是以日产奇骏为例，向中国团队传授全球销售知识和经验，以及如何用网络营销方式开拓客户。二是以日产阳光为例，对东风日产官网的产品宣传给予支持。2013年木俣秀樹回到日本总部，担任全球销售总部销售战略规划总部长。2021年4月接替西林隆前，他是日产汽车企业战略与业务发展副总裁。

2006年1月，这是一个值得铭记的时刻。日产（中国）启动零部件出口业务，其初衷是充分利用日产汽车全球资源和平台，以中国零部件供应全球市场。事实证明，这是极为明智的战略选择。截至2021年，也就是持续经营15年后，日产（中国）累计达成出口额2万亿日元（折合人民币1128.64亿元），累计出口集装箱20万箱。"供应商数量,特别是中国本土供应商数量逐年增长,集装箱出口量屡创新高,在联盟零部件供应体系中发挥了重要作用。"木俣秀树总结道。

日产汽车是为数不多在中国大规模开展零部件出口事业的跨国公司。发挥中国制造优势,将中国零部件输出到海外生产基地,实现雷诺-日产-三菱联盟成本削减和收益改善,提高商品核心竞争力,这是日产汽车一以贯之的全球策略。

在活动现场,日产(中国)投资有限公司原执行副总经理铃木昭寿特别提及,零部件出口事业基于日产全球采购战略基础而开展。所谓日产全球采购战略,指日产汽车以全球车型为中心,以零部件种类为单位,在全球范围登录的2.2万家供应商中,选择最具竞争力的供应商,为世界各地的生产工厂供应零部件。

铃木昭寿1982年自日本早稻田大学商学部毕业,随后进入日产汽车。1992年调任海外统括本部欧洲事业室,1995年派驻日产欧洲,2002年回到日本总部,分别在商品企划本部商品企划室、GOM企划部、全球市场本部全球市场开发部工作,自2010年起派驻东风有限任总裁助理兼经营规划总部本部长。

零部件出口事业走过了一个加速发展的业绩曲线。铃木昭寿将15年发展历程分为两个阶段:第一个阶段是前10年,累计出口1万亿日元(折合人民币564亿元)、累计出口10万箱集装箱;第二个阶段是后5年,累计出口集装箱数和出口额与前10年相当,创造了名副其实的日产速度——平均每个工作日有80个集装箱输出国门,将中国制造的零部件发往全球

日产（中国）投资有限公司原执行副总经理　铃木昭寿

19 个国家的 44 家工厂。

　　需要跨越的挑战很多。环顾眼前的世界，国际贸易环境面临中美贸易摩擦等不利因素干扰；中国经济发展大潮不断攀高，出口业务涨势远超中国经济年均出口增速；出口事业需要克服物流成本增加和疫情影响等困难。

　　最难能可贵的是，2020 年年初，在武汉因新冠肺炎疫情封控、物流和人员行动受限制的情况下，经日产汽车与本地零部件供应商多方协同，日产（中国）零部件向海外出口配送业务没有因此而中断。受疫情影响，2020 年零部件出口规模小幅下滑，但到 2021 年，就已恢复到新冠肺炎疫情发生前的水平。

这个过程中，日产（中国）也提升了供应链危机管理能力。日产（中国）投资有限公司零部件出口事业部本部长柳田宏幸证实，他们已将供应链危机管理流程标准化，建立 BCP（Business Continuity Plan）危机应对体系，确保核心业务的持续性。具体成果主要有三：一是，确保人员健康，包括日产（中国）零部件出口事业部和第三方物流员工及家庭零感染。二是，危机管理能力方面迅速应对，使额外成本最小化，紧急航空运费比预测降低 84%。三是，升级 BCP 管理体系，保障持续供货。

铃木昭寿认为，零部件出口之所以取得如此成就，原因在于日产汽车创造的"独一无二"的出口商业模式。这种模式以提升中国供应商竞争力为核心，由多职能部门共同构建，创造多重附加价值而构成。换言之，日产（中国）不只满足于中国零部件的采购和出口，还注重利用 QCDDM 评价体系，推动中国供应商持续提升，通过发掘中国本地供应商、优化零部件设计、改善产品质量及生产物流等，提升综合竞争力。

价格竞争力向来是中国零部件的优势，这主要得益于中国劳动力成本相对较低，这是众所周知的事实。随着自动化水平提高和大规模生产，中国零部件成本竞争力优势得以巩固。经过中国供应商的不懈努力，在保持价格优势的基础上，中国零部件的品质和交付能力大幅改善。目前，销往日产全球工厂的中国零部件不良品率仅为 4PPM，而交货时间遵守率则高达 99.5%。

品质方面绝不妥协。日产汽车按照零部件采购全球评价体系 QCDDM 执行，即根据品质（Quality）、成本（Cost）、交货（Delivery）、研发（Development）、管理（Management）五大标准，公开透明地选择供应商。日产汽车通过技术交流或者实地考察等方式，确定最佳供应商。只有满足全球标准的零部件，才能进入全球采购体系。日产汽车后续还会通过关注供应商提案、研发、持续改进能力，以及高效率时间管理能力，来提高供货速度。

罗马不是一天建成的。犹记得，日产汽车在中国生产汽车之初，有不少成熟的全球零部件供应商紧随其后来到中国，当时能满足日产全球标准的中国本土零部件供应商仅有区区几家。最新一组数据是，日产汽车的中国供应商数量已从 2006 年初始时的 50 家，增加到 540 家；出口目的地从 7 个国家的 12 个生产工厂，扩大至 19 个国家的 44 个生产工厂；自 2017 年起，日产（中国）零部件已开始向雷诺 – 日产 – 三菱联盟工厂出口。

日产（中国）付出了艰辛的努力。2016 年 3 月 11 日，在上海举行的日产（中国）零部件出口十周年纪念庆典上，时任日产（中国）总经理西林隆由衷地感叹："在培养中国供应商方面，日产（中国）一直在不辞辛苦、踏踏实实地开展工作，到供应商生产第一线作指导，能这样做的厂商很少。"他接着说："相对其他汽车企业，日产（汽车）在中国起步较晚，我们非常希望能大步追上，扎根中国，继续推动中国零部件行业的发展。"

很快，西林隆就迎来一个意外时刻。2015 年 6 月，中国

第五章 | 不止中国

日产（中国）开展 THANKS 改善活动

海关发布 2014 年中国汽车产业出口企业榜单，日产（中国）零部件位列榜首。"过去十年，我们与中国供应商专心协作、心无旁骛，通过 QCDDM 评价体系帮助他们提升竞争力。突然间我们发现，平常的努力换来了如此丰硕的成果，我们都很意外，又惊又喜。"他笑着解释。

为帮助中国供应商达到日产全球标准，日产（中国）派出技术工程师下沉到生产一线，开展 THANKS（Trust and Harmonious Alliance Network Kaizen activity with Suppliers）生产工艺现场改善活动。参与改善活动的工程师，每周要有 3 天时间到生产现场蹲点，帮助供应商解决问题。

广州东昇机械有限公司副总经理梁卫东对此深有感触："通过日产（中国）零部件供应体系，我们已将业务扩展到全球 19 个国家。"东昇公司成立于 2002 年，是一家专注于汽车金属冲压件和焊接总成研发与生产的企业。除传统铁制车体及各类功能支架类零件外，目前正在研发、量产铝制和电池包等新能源相关产品。

2004年，东昇公司获得日产汽车审核机会，他们抓住机会，一次性通过评审，加入日产汽车全球供应链。2005年，在日产（中国）开展的最具竞争力供应商寻源及协助提升活动中，东昇公司再次抓住机会，成为首批日产汽车寻源活动对象。

起初，由于产量小，其品质、控制、管理等尚能满足供方所需，但随着业务量加大，尤其是2011—2015年期间，配套产品种类、数量和零件复杂程度都呈几何级数增长，东昇公司一时难以适应。日产（中国）没有匆忙淘汰这家供应商，而是派品质团队到现场指导诊断，日产海外工厂也到现场开展品质提升活动。

经此一役，东昇公司品质管控能力大为改观，2015年被授予日产质量改善奖。自2019年起，其产品不良率一直稳定在1PPM以内。更让东昇人津津乐道的是，2016年，东昇公司出口产品数量位列日产（中国）供应商Top1，销售额进入日产（中国）供应商Top3。其各工厂陆续通过英菲尼迪4.5分审核，并于2019年通过日产（中国）零部件出口事业部向雷诺-日产-三菱联盟所有生产据点供货。

电驱化的未来

对日产（中国）而言，他们赢得的只是上半场竞争。眼下，全球汽车产业正在经历一场百年巨变，汽车四化（电动化、网联化、智能化、共享化）正在重塑汽车产业链格局，要继续赢得下半场竞争，继续留在牌桌上成为主角，还需要艰苦卓绝的征战。

上海黄浦江畔的那场活动，既是值得纪念的里程碑，又是一个新的开始。这从木俣秀樹对零部件出口事业的总结与展望中可窥见一二：一方面，通过不断提升中国零部件供应商的综合竞争力，同时支持日产企业在华合资企业的生产，保证国内产品的品质与竞争力；另一方面，随着电驱化零部件出口业务的启动与扩大，支持中国市场电驱化和智能化产品的生产，促进日产智行在中国市场的全面落地，并为"中国汽车产业发展，为中国从制造大国向制造强国迈进作出贡献"。

木俣秀樹认为，日产汽车零部件出口经历了三个阶段：最初是低附加价值部件出口起步阶段，接着是大型和精密零部件出口阶段，现在则步入电驱化零部件出口新阶段。下一步的具体措施包括——继续加强与中国供应商的紧密合作；持续提升中国供应商的综合竞争力；进一步扩大出口业务规模。预计到 2024 年，出口金额比 2021 年增长 20% 以上，出货量增长

30%以上，电驱化零部件出货金额约占整体出口额30%。

努力方向是提升出口零部件的附加值。"电驱化发展的同时，智能化也是新趋势，特别是中国的智能化发展领先于全球。"木俣秀樹说，"我们将携手中国供应商伙伴，推动电驱化、智能化相关高附加值零部件向全球出口，未来还存在较大潜力和可能性。"

好消息是，随着中国供应商综合竞争力的提升，一些原本在国外生产制造的高附加价值零部件逐渐向中国转移，比如日产（中国）零部件出口种类就从早期的车身侧架等，向精密电子零部件如变速箱和引擎控制系统等转变。2021年，其出口重点转向电驱化零部件，如车载电池模组和电池控制系统等。

事实上，在技术创新方面，日产汽车从来都是时代先锋，对电动汽车的探索也不例外。早在1947年，便率先推出首款电动车型Tama。63年后，全球首款面向大众消费市场的纯电动汽车聆风（Leaf）面世。截至2021年年底，日产的纯电动汽车全球销量超过50万辆，累计行驶里程超过190亿公里，最为重要的是从未发生过一起因电池引起的安全事故。

日产汽车紧跟时代变革步伐。2021年11月发布的"日产汽车2030愿景"（Nissan Ambition 2030），将电驱化作为战略核心。目标是到2050年，实现日产汽车运营和产品生命周期的碳中和。为此，未来5年内，日产汽车拟投资2万亿日元（折合人民币1128.4亿元），加快推进电驱化产品布局和技术创新。到2030财年，计划推出23款电驱化车型，其中包括15款纯电动车型，日产和英菲尼迪品牌的电驱化车型占比将超过 50%。

电驱化战略不仅仅是一种商业策略，更是可持续发展目标的重要组成部分。作为一家全球化公司，积极引领和推动电动汽车发展，创造一个更清洁的世界，这是日产汽车的使命。正如内田诚所说："企业在满足社会需求方面，发挥着越来越重要的作用。通过2030愿景，日产汽车将开启电驱化的新时代，利用先进技术降低碳足迹，并开拓新的商机……日产汽车致力于发展成为被消费者和社会所需要的可持续发展企业。"

为兑现气候承诺长期目标，日产汽车的战略领域包括进行生产工艺创新，以提高汽车装配的生产力，提高能源和材料的使用效率。新能源技术路线也很清楚，以纯电动汽车和日产e-POWER技术为基石，支持中国双碳战略目标的实施。

具体到零部件出口事业，日产（中国）以安全和环保为两大支柱，在环境、社会和公司治理三个领域全面构建绿色供应链。比如，通过采用全球循环使用的包装容器、推进电动化设备的导入、推动向低碳运输模式的转换等，每年可实现减排1.2万吨以上二氧化碳。

零部件出口事业转型已提上日程。2021年，日产（中国）开启包括EV和e-POWER车载电池在内的电驱化零部件出口全新业务。作为日产汽车电驱化技术的支柱之一，e-POWER技术也被称为前所未有的融合动力技术，是日产汽车成熟的燃油发动机技术和先进电驱技术的创新性融合，其核心竞争力来源于闪充闪放、全时电驱、高效发电三大技术原理，搭载该技术的汽车既具有纯电动汽车的加速性和静谧性，也具有媲美混

2021年9月，日产e-POWER技术正式进入中国

合动力车的燃油经济性和不需要充电桩的便利性。

　　研制e-POWER技术的想法由来已久。2005年，当日产汽车着手开发电动概念车时，e-POWER概念便同时被提上日程。11年后，首款搭载e-POWER技术的量产车骊威(NOTE)在日本上市。又一年后，日产汽车推出第二款搭载e-POWER技术的塞瑞纳(SERENA)。

　　收获颇丰。截至2019年年底，在日本市场超过70%的NOTE和近50%的SERENA搭载e-POWER技术。其中，让日产汽车人引以为傲的是，2018年搭载该技术的NOTE一举超越丰田普锐斯(PRIUS)混动版，成为当年日本最畅销车型。

　　e-POWER技术导入中国也有清晰时间表。2021年9月，中国首款搭载e-POWER技术的车型已经正式进入中国市场，到2030年还会有多款e-POWER车型上市。

　　在中国零部件市场进行电驱化布局时，一家名叫欣旺达(欣旺达电动汽车电池有限公司)的广东企业进入日产(中国)视野中。欣旺达成立于1997年，2008年布局电动汽车电池业务，

2011 年在深交所上市，迄今已形成六大产业群，建成八大生产基地，其定位是通过锂电池集成技术，为全球提供消费类电池和电动汽车电池解决方案。

欣旺达成为日产 e-POWER 电池定点生产商，双方自 2018 年开始携手合作。其后两年，日产汽车技术团队多次前往欣旺达惠州和南京基地进行技术指导，并验收项目。2021 年 10 月，用于日产 e-POWER 车型的车载电池量产。从专业技术角度看，e-POWER 搭载超高性能锂电池，通过降低电池内阻及提高冷却性能，大幅减少电能输入输出时的损耗，充放电倍率是普通纯电动车电池 15 倍以上，可实现瞬间爆发、快速补能。

在海外市场，欣旺达生产的 e-POWER 电池已搭载在日产劲客 (KICKS) 和逍客 (QASHIQAI) 车型上。2020 年 6 月，日产汽车和欣旺达签订谅解备忘录，其中一个重要内容是，双方联合开发下一代 e-POWER 车载电池。项目推进一年后，双方在技术指标、开发进度、成本目标方面达成共识，接下来将围绕工程化优化和测试验证展开工作。

木俣秀樹非常看好中国电驱化零部件出口前景。他认为日产汽车具有世界一流的、可信赖的电驱化技术，而中国又具有高质量的制造技术，两者相结合，高价值的电驱化产品将成为零部件出口事业增长的助推器。"2022 年，我们将以 e-POWER 轩逸 (SYLPHY) 和日产艾睿雅 (ARIYA) 为首，进一步加速电驱化战略在中国的落地。"他说。

这不是一个遥远的承诺。

日产在中国

拥抱中国消费者需求的设计

最近 20 年日产汽车设计的方向和风格主要由两位日产汽车设计负责人——中村史郎和阿方索·阿尔拜萨（Alfonso Albaisa）所塑造。关注中国市场并把中国消费者的需求融合到日产汽车的设计始于中村史郎，再由阿方索将其深化到日产汽车的设计之中。

1999 年，中村史郎离开效力了 25 年的日本五十铃公司，加盟日产汽车，担任全球设计主管。喜欢玩爵士乐的中村史郎毕业于武藏野美术大学，他致力于在世界的舞台上提高日本汽车设计的定位，而日产复兴计划刚好给了他这个千载难逢的机遇。

进入日产汽车是中村史郎在职业生涯上的关键转折点。他为日产复兴计划立下汗马功劳，不到两年，就被任命为日产汽车高级副总裁兼首席创意官。此后 16 年，他主导了日产汽车数十款重要车型的设计，奠定了日产汽车的设计风格。中村史郎领衔设计时期，日产汽车在中国成立了设计中心，并将中国消费者的需求积极地融入日产汽车的设计之中。

2017 年，古巴裔美国人阿方索接替中村史郎，担任日产汽车全球设计高级副总裁。他将日产中国设计中心从北京搬到上海，让日产设计和数字时代的中国相会在云端。58 岁的阿

第五章｜不止中国

日产汽车全球设计高级副总裁 阿方索·阿尔拜萨

方索充满激情，热爱艺术与设计；他语调浪漫柔和，肢体语言丰富，有着独特的气质。

  阿方索于 1988 年加入日产汽车，迄今已为这家企业效力了 36 年。2005 年，当日产汽车在上海成立设计工作室时，这座时尚之都被定位为研究中国消费趋势和设计潮流的桥头堡。但 3 年后，新风潮带来了新变化。时值北京举办奥运会，不仅有鸟巢和水立方，还有各种富有挑战性、雄心勃勃的建筑设计在北京涌现，成为当代艺术的热点。中国最新的设计和艺术潮流从北京传递到了全世界，中国优秀设计团体如雨后春笋般涌现，来自世界各地的各类艺术家和创作者都在关注北京。一夜之间，北京这座古老的东方城市变身为全球潮流之都。日产汽车被北京的魅力深深折服，决定将日产中国设计中心（Nissan

Design China）设在京城。

2011年10月，作为日产汽车增强全球设计组织力和创造力的重要基地之一，日产中国设计中心在北京798艺术区投入运营。创立之初，设计中心只有20名精英员工，基本满足一辆汽车内部设计和外部设计的人员需求。

2013年，日产中国设计中心搬迁到新办公地点。入口处使用了以中国万里长城为灵感的设计，室内空间则采用了开放式设计，室外展示厅可借助自然光确认设计模型，造型工作室能同时进行多个产品造型设计。至此，日产汽车在全球已拥有四个设计中心——日产全球设计中心（日本神奈川县厚木市）、日产美国设计中心（美国圣地亚哥）、日产欧洲设计中心（英国伦敦）、日产中国设计中心（中国北京）。搬迁至新址的日产中国设计中心，已具备与欧美设计中心同等甚至更高的开发能力。

按照惯例，日产汽车设计组织体系是以日本的全球设计中心为中枢，在全球主要区域设立设计中心或设计工作室，负责全球车型研发的设计提案及各区域专供车型的设计开发。因全球消费需求具有差异性，采用不同区域设计中心提出方案的做法，既满足地区需求，又符合全球条件。

日产汽车对中国文化和设计偏好的尊重和吸收无疑走在其他跨国公司前面，其做法有何独到之处？一般来说，多数汽车制造商都由总部设计基本造型，再传送至设计中心进行本土化改造。换言之，就是总部为主，分部为辅。而日产汽车的做法则完全不同。项目伊始，总部要求包括日本总部在内的各区域设计中心提交适合全球或特定市场用户需求的设计方案。虽然所有提案都集中在日本总部，但在全球竞争的机制下，总部和海外设计中心都处于平等的位置，设计优秀或者符合用户需求的方案才会被选出。

文化可以互通互学，中国消费者的需求并非为中国市场所独享，它同样可以反哺日产汽车全球产品。中村史郎曾强调，中国设计中心不只立足于中国或只针对中国市场，它是一个全球设计中心，其设计产品既可以提供给美国，也可以提供给日本，还可以销往欧洲。"不同地方的人们，创意灵感均不相同，如果把他们的创意结合起来为不同地区做设计，我们就能得到更多新的创意价值，新车型就能在世界的任何一个角落销售。位于北京的设计中心，势必会带来具有中国特点和创意的设计方案。"

日产中国设计中心很快让人眼前一亮。2013年4月，日产全新概念车Friend-ME在上海车展首次亮相。该车采用简短干练的前后悬搭配低而宽的底盘设计，拥有极具视觉冲击性的车身比例和蓄势待发的动感身姿，即便在阑珊的夜晚也能瞬间吸引外界注意力。车内4个坐席形成各自独立的空间。

这款前卫动感的概念车由日本全球设计中心和日产中国设计中心联手打造——首次在中国设计，面向中国80后，并可推及全球。这是年轻人为年轻人设计的概念车，当时在日产中国设计中心工作的设计师都很年轻。后来的故事众所周知，Friend-ME概念车在量产时被命名为"新蓝鸟"（Lannia）。

阿方索·阿尔拜萨对中国市场的认知和做法与中村史郎不

位于上海北外滩白玉兰广场的日产中国设计中心

同。阿方索更加重视中国市场、中国消费者需求以及中国创意。他非常仔细地观察中国文化和中国消费群体对全球带来的影响,并将中国视为设计创新的源泉之一。2014 年,他在担任英菲尼迪设计总监时就曾表示,中国元素乃至东方特征并非游离于主流设计思维之外,而是与全球化设计有机结合。他还以英菲尼迪 Q70L 为例,说明针对中国市场加长车身之后,并未影响这款车的全球表现。

阿方索有多重视中国?新冠肺炎疫情暴发前,他在一次采访中说:"每个月我都会前往中国,我很喜欢这个国家,因为它是全球创新的中心。硅谷是基于未来的创新中心,致力于领先全球 20 年;而中国的创新立足于当下,这一点非常实际,也非常重要……2019 年,我们从日本总部派遣 200 名设计师前往中国，是因为我想尽可能为更多的人创造机会，让他们体验中国悠久的文化，感受中国充满活力的经济市场，了解中国创造的奇迹。"

2019年4月，日产中国设计中心迁至上海，将办公地设在北外滩白玉兰广场30层。为何是上海？阿方索认为："广州和杭州都是候选地，但具备新潮流、创意、活力、激情、国际和开放等要素的城市，看来看去只有上海。"

这其实是一场谋划已久的搬迁。2019年6月，阿方索接受中国媒体采访时回忆道，大约一年半到两年前，他到上海考察，见到了一些数字化领域的设计师，参观了上海1933和白玉兰广场。当参观白玉兰广场时，他向窗外望去，一下就被黄浦江两岸的美丽景色吸引，于是决定租下写字楼的第30层。"中日两国的设计理念将在上海的云端交汇。"他用充满诗意的语言解释作出这一决定的美好愿景。

必须要迎接时代的变革。阿方索认为，到上海是为迎接数字时代的变革。2011年之所以选择北京，是因为奥运会结束后，北京一直呈现出一种蓬勃向上的状态，中国的传统建筑与具有创新性和挑战性的现代建筑交相辉映，艺术氛围非常深厚。事实证明，"当时作出的决定是正确的，日产汽车有很多车型都是在北京设计的"。

数字化时代，中国已跻身全球发展最前沿，尤其是智能互联和移动支付领域，这些变化将以超越其他任何领域的速度塑造中国汽车行业。上海是中国数字化变革的发源地，聚集着大量数字化人才，这是日产汽车迎接电动化和智能化挑战的宝贵

日产 Ariya 概念车

资源。

　　日产中国设计中心成为日产汽车新篇章中不可或缺的力量源泉。2019年10月23日，以一棵树经历四季更替所呈现的自然之美为创意，日产汽车在东京车展上发布 Ariya 概念车。正如日产聆风成为日产汽车敲开电动汽车大门的首款量产车型，并已在全球创下50万辆单一车型纯电动汽车销量纪录那样，日产汽车希望 Ariya 能够全面引领电动化时代。

　　Ariya 一词语出梵文，具有"威严和高贵"寓意。走近 Ariya，你会看到传统前格栅被全新的"盾式"护罩代替，一个可发光的日产 LOGO 置于护罩中心。Ariya 采用"星际银"涂装。这种涂装的神奇之处在于，可根据距离远近呈现两种不同的视觉效果——远观时，深蓝色车漆呈现哑光质感；近看时，巨大嵌入式玻璃"鳞片"制造出的光线折射，让人不由自主地联想到流星划过夜空的情景。

　　这款接近量产的概念车通过全新设计语言，表达了纯电动汽车平台与传统日式极简主义相融合的无限可能。内田诚对 Ariya 概念车不吝赞美之词："Ariya 是一款不做任何妥协，将日产汽车的优势，包括日产汽车十年来在电动汽车领域的经验全部融入其中的车型。"阿方索则评价道："日产中国设计中心是日产汽车全球最重要的设计中心。如果没有中国正在发生的技术革新，也不会促成全新的日产 Ariya 落地。"

日产在中国

万丈高楼平地起

2016年12月26日,东风日产花都第二工厂,一辆日产新蓝鸟(Lannia)轿车驶下生产线,这是东风日产累计生产的第800万辆汽车。在庆典现场,东风日产生产的第一辆轿车被特意展出,它就是那款创造当年投产、当年销售、当年赢利纪录的,有着蓝鸟渊源的轿车。

新旧蓝鸟见证了一个历史时刻。但此蓝鸟非彼蓝鸟。

获得日产汽车授权在中国生产的第一款轿车"风神蓝鸟",

东风日产累计第800万辆汽车下线仪式

是裕隆日产设计中心基于第九代日产蓝鸟（Bluebird U13）针对中国市场改进设计的产品。而日产新蓝鸟（Lannia）是东风日产于 2015 年 10 月发布的全新车型，其前身是 2013 年亮相的 Friend-ME 概念车。

从委托裕隆集团设计师设计到日产中国设计中心独立操刀，中国设计力量的崛起不仅得益于中国经济和中国汽车工业的高速增长，也得益于中国对全球一流汽车设计文化的学习吸收。对中国本土设计人才的培养，日产汽车从来不遗余力。多年来，日产中国设计中心坚持与中国专业机构和高等院校合作，培养和储备未来汽车设计人才。

2005 年下半年，日产汽车在中国的第一个设计机构——日产设计上海工作室与上海交通大学和同济大学的设计系携手，以"2010 年在中国市场的日产汽车"为研究题目开展了设计赞助项目。

2007 年 6 月至 12 月，日产汽车携手东风公司在北京等 9 大城市，陆续开展了日产造型设计论坛活动，主题为"想象力工厂"（Imagination Factory）。开幕式在北京东方广场举行，来自北京和上海的大学生们带来各自悉心准备的作品，与国内外设计精英对话。这场活动为有志于设计领域的中国学生提供了绝佳的学习机会。

2016 年 9 月，针对北京城市副中心通州区的交通状况，日产中国设计中心邀请清华大学和中央美术学院共同设计相应车型，提供解决方案。此过程中，日产中国设计中心从外观、内饰、色彩、数字模型、油泥模型等团队中抽调优秀设计师，分别前往两所院校传授经验,从初期的概念设计到后续的草图、胶带图、油泥模型制作,给予全方位的专业指导。

半年多后,两所院校的未来设计师们交出了令人满意的答卷。阿方索总结整个项目时表示,日产汽车一直注重中国市场和中国汽车产业的发展,为未来出行提出积极的解决方案,同时不遗余力地培养未来设计人才。"我们希望通过支持大学项目,培养更多中国本土汽车技术和设计人才,为中国汽车产业发展贡献力量。"

万丈高楼平地起。为打好根基,2016 年,日产中国设计中心与长春汽车工业高等专科学校汽车造型技术专业制定了为期 3 年的培养计划,向对方提供油泥模型制作、3D 数据设计等专业培训以及实习机会。日产中国设计中心还先后派出 8 名专家,为该学校的 240 多个班级授课,协助学生完成 8 项毕业作品和 30 多项课堂作业。

日产中国设计中心的另一个重要举措是支持 CDN 中国汽车设计大赛。该大赛由国际汽车设计专业媒体 Car Design News 主办,是目前中国规模最大、主要面向专业院校的汽车设计比赛。从 2016 年起,日产中国设计中心作为金牌赞助商参与评选,帮助中国设计人才成长。

日产汽车继续下沉,将培养活动推广到广大绘画爱好者甚至中小学生,开展日产"设计之源"和"日产画画画"活动。

日产"设计之源"是一项主要面向中学生开展的全球活动。阿方索对活动非常重视,他经常利用出差机会到当地学校,跟家长们和孩子们进行交流。在中国出差期间,他曾去拜访北京和上海的多所学校，进行"设计之源"主题演讲，鼓励年轻人成为汽车设计人才。

在一次演讲中，谈到举办"设计之源"活动的初衷时，阿方索的回答不仅体现了日产设计掌门人的使命，也流露出一位长辈对年轻人的关爱。"当任命我负责日产汽车的全球设计时，我身上同时肩负着对年轻人的责任。"他说，"我有责任帮助他们看清未来，因为我曾蒙受恩惠。不论我到哪里，我都尽量抽出时间，去见见孩子们和他们的父母，并竭尽所能地为他们解疑释惑。曾经的我也是通过这种方法看到了自己的未来。"

"日产画画画"源于 NISSAN DrawDrawDraw 活动。2020 年 4 月，日产全球设计团队发起这一活动，旨在让那些因疫情被迫待在家里工作和学习的人们，可以随时拿起画笔，描绘自己的美好梦想。活动以日本为中心，进而推广到美国、欧洲和中国，在全球范围内展开。

中国的表现最为踊跃，成绩令人瞩目。"日产画画画"落地中国后，在日产中国设计中心的支持下，已连续举办了两届。2020 年的参赛主题仅限汽车领域，征集到 5300 余件作品；2021 年的参赛主题是"我和我的家乡"，不限于汽车领域，可以通过作品展示自己的家园。在美术爱好者专业网站"涂鸦王国"的大力支持下，我们建立了活动专题页面，参与者超过 8000 人，收集到很多优秀作品。

日产既是技术的日产，也是设计的日产。2021 年 10 月 25 日，第二届"日产画画画"颁奖典礼在日产中国设计中心举行，铃木昭寿定义了设计在日产汽车中的地位。他说："在日产汽车近 88 年的发展历程中,日产人始终秉承敢为人先的传统,为社会和消费者提供高附加价值的产品和服务,而设计则是汽车产品灵魂的具体体现。"

  埋下的种子发芽了。多年来,日产汽车倾力打造中国汽车设计文化,培养了诸多设计人才,体现出一家全球化公司的战略眼光和责任感,最终实现了日产汽车和中国设计的双赢局面——在日产汽车参与的合作项目中,一些脱颖而出的中国设计人才陆续加入日产中国设计中心,他们创作的一些作品,被实际应用到日产主流车型上。

授人以鱼，不如授人以渔

日产（中国）希望在践行企业社会责任方面走得更远，"日产筑梦课堂"就是其在教育领域推进可持续发展的重要成果。

木俣秀樹非常重视企业社会责任，自就任日产（中国）总经理以来，对"日产筑梦课堂项目"给予了大力支持。他曾强调，日产非常重视 ESG（环境保护、社会责任和公司治理）三个领域的可持续发展，"日产筑梦课堂"项目是将日产的可持续发展理念润物细无声般地传递给了中国的青少年朋友。

"日产筑梦课堂"项目最早可追溯到 2000 年，彼时日产汽车开始在日本总部附近的小学不定期开展环境课程。自 2008 年起，该项目升级为固定项目"Waku-Waku 生态教室"，已有逾 10 万名青少年参与其中。在此基础上，日产汽车发起更多衍生项目。代表性项目之一是"Waku-Waku 设计工作室"，汽车设计师向参与者讲授汽车设计的基础知识；之二是"日产制造大篷车"，参与者可体验定制化汽车制造的乐趣。这两个项目的青少年参与者已达两万名。

在日产技术基金会的支持下，这些公益项目被推广到日产英国桑德兰工厂所在地区，迄今已接待 6.5 万多名参与者。其中，"日产制造大篷车"项目每年接待 4500 多名小学生。日产技术基金会成立于 2014 年，通过开展以 STEAM（科学、技术、工程、艺术、数学)教育理念为核心的项目,致力于培养汽车制造业的下一代领导者。

"日产筑梦课堂"于2013年落地中国。2013年4月20日,四川雅安发生7.0级地震,受灾范围超过1.5万平方公里。地震发生当日,恰逢上海车展开幕。日产汽车、日产(中国)投资有限公司当即决定,通过中国扶贫基金会向地震灾区捐助300万元,用于灾后重建工作,帮助雅安市汉源县大田村向阳小学重建校舍,让灾区学生早日重返校园。

但授人以鱼,不如授人以渔。日产(中国)意识到,比捐资救助更重要的是尽快治愈孩子们的心灵创伤,帮助他们开阔视野,因此设立日产筑梦课堂的想法迅速落地。向阳小学新校舍落成后,日产筑梦课堂随之开课。

作为汽车主题青少年教育社会公益项目,"日产筑梦课堂"自2013年开始起步,相继推出汽车文化、制造、环保、彩绘、设计、智能驾驶等八个板块22个课程。截至2021年年底,日产筑梦课堂已覆盖中国19个省、自治区和直辖市,受益学生超过150万人。

"少年儿童关乎社会未来,为让他们从小感受到科学的魅力,了解社会可持续发展的相关问题,并思考如何解决这些问题,我们开设了日产筑梦课堂公益项目。"日产(中国)投资有限公司原执行副总经理铃木昭寿这样解释开设日产筑梦课堂的初衷,"基于STEAM教育理念,将先进科技与所学知识相结合,使孩子们感受到学习知识的重要性,并理解为何而学习。"

更深层次的原因在于,汽车生产和制造是典型的大规模社会化协作产物,团队协作、精益求精和领导力等要素不可或缺。通过日产筑梦课堂,可以发现和培养孩子们的相关素质与能力。这就不难理解为何发展到后期,日产筑梦课堂结合数学、美术、科学等内容,将汽车设计、环保新能源、自动驾驶、人工智能和编程等课程也融入其中。

此外,日产筑梦课堂还兼顾教育的多样性和平等性原则。通过远程教育系统,让偏远地区的学生享受到平等的教育机会。

8年来,"日产筑梦课堂"历经了四个发展阶段。

第一阶段是线下授课。起初,日产筑梦课堂的开设内容主要基于日本总部的"Waku-Waku生态教室"和"日产制造大篷车"这两个课程。2013—2015年,开设课程增加到5个。因受线下授课制约,中国仅有4个省市开课,受益学生8000人。

第二阶段是线上授课。日产筑梦课堂得到了师生们的高度认可,不断有新学校提出参与意向。日产(中国)逐步扩大范围,后来发展成为日产全球最大规模,同时也是中国最大规模的小学生汽车公益科技课程。

转折出现在2016年,日产(中国)开发并启动在线课程,使偏远地区学校的授课成为可能,之后,参与学习的学生人数大幅增加。2016—2018年,开设课程增加到6个,授课范围扩大到中国的9个省市自治区,受益学生累计21.5万人。

值得注意的是,在日产筑梦课堂的发起人名单中,除日产(中国),还有中国联合国教科文组织全国委员会(简称"教科文组织")、中国国际贸易促进委员会汽车行业分会(简称"贸促会汽车行业分会")。

为什么选择这两个合作伙伴？日产（中国）解释道，日产汽车并不是教育方面的专家。教科文组织在教育界影响力巨大，拥有大量的教育专家资源。"他们了解如何满足学生、老师和学校的需求，使课程内容生动、活泼、易懂，达到授课目的。同时，依托他们在全国各地的学校资源，能够将课程引入更多学校。"贸促会汽车行业分会则从行业角度提出专业意见，将项目带到中国各地车展。

这让更多青少年受益。宛如一束光，它不仅在沿海发达地区，如北京、上海、广东、河北、山东等地学校授课，还对接中国"一带一路"和振兴乡村战略，将课堂开进陕西、甘肃、云南、四川等地。数据显示，有近一半参与学校来自中西部城市和偏远乡村。

2017年12月，日产筑梦课堂在甘肃省定西市临洮县五爱小学开课，标志着日产（中国）公益事业进入甘肃省。2021年6月，内蒙古自治区兴安盟阿尔山市第二小学迎来了日产筑梦课堂，让中国这个最小县级市的孩子们充分感受到汽车科技的魅力。"日产筑梦课堂"的首个参与学校——四川省雅安市汉源县大田乡向阳小学则通过线上形式参与了活动。

日产（中国）还将筑梦课堂带到特殊教育学校。2017年9月，日产筑梦课堂针对特殊群体开发的特殊教育课程，在北京市东城区特殊教育学校启动。以此为开端，特殊教育课堂陆续推广到中国其他特教学校。

第三阶段是走向社会。随着项目影响力与日俱增，日产筑梦课堂的授课场地从学校扩展到诸如北京汽车博物馆、日产品牌专营店和大型车展现场等地。

2016年10月，上海浦东车展现场迎来了一批特殊的小客人，这是日产筑梦课堂首次走进车展，有240余名小学生参与了活动。2018年6月，日产筑梦课堂走进日产品牌专营店系列活动，同时在上海、广州、成都、杭州四座城市开启。2019年，日产筑梦课堂正式入驻日产品牌专营店。至2021年年底，日产筑梦课堂已在中国20多个主要城市、100多家日产品牌专营店授课，累计吸引1万多个家庭参与。授课内容涵盖汽车智能驾驶、汽车精益生产、汽车与环境保护、汽车设计等多个领域，让参与家庭在快乐的氛围中探索学习。日产筑梦课堂在一定程度上已成为维系消费者与日产品牌的新纽带。

2018年3月，日产筑梦课堂落户北京汽车博物馆，打造公开科普基地。当天，日产汽车还捐赠了一辆全新纯电动汽车聆风（Leaf）供博物馆收藏。铃木昭寿在捐赠仪式上说，这是日产筑梦课堂不断推陈出新，完成从学校向社会跨越所进行的探索。"与北京汽车博物馆的战略合作，为日产汽车提供了一个普及汽车知识与文化，推广企业社会责任的优质平台。"

2019—2020年，日产筑梦课堂在学校开设的课程增加到7个，在中国14个省、区、市开课，受益学生累计达100万人。

第四阶段是"新百万人计划"。截至2021年年底，日产筑梦课堂开设课程领域增加到8个，分别为汽车文化教室、制造教室、环保教室、设计教室、驾控教室、智能驾控教室、彩绘教室和编程教室，在全国19个省、区、市开课，受益学生累计达150万人。

2021年3月，日产中国发布"日产筑梦课堂NEXT"新百万人计划，目标是到2022年，使受益学生增加至200万人。

为达此目标，日产（中国）拟从四个方面推进：一是扩大课程覆盖区域，在2022年将课堂开设地区增至21个省、区、市；二是强化在线课程，最大限度减轻教师负担，为偏远农村地区带去教育资源；三是创新授课形式，推出类似2021年暑期探索营的授课方式；四是丰富课程和活动内容，2022年将启动日产筑梦课堂编程大赛。

即使是在疫情肆虐最严重时，日产筑梦课堂也一直在坚持。日产筑梦课堂主要采取两种授课形式：在车展现场和日产品牌专营店，以面对面的形式授课；抑或在学校，采取线上和线下相结合的方式。2020年学校停课期间，日产筑梦课堂适时推出了直播和公众号授课形式。截至2021年年底，累计有22.8万多名学生在疫情期间参与线上课程。

从线上到线下，从沿海到内地，从普校到特教，从课堂到社会，历经八年耕耘，日产筑梦课堂已成为中国可持续发展公益教育领域的标杆品牌。

在前联合国教科文组织高级官员杜越看来，日产筑梦课堂意义深远。"最直接的道具是汽车，而汽车凝聚了人类的技术、创造和文化，承载着人类文明的发展、工业的进步、技术的发展、科学的新发现。日产筑梦课堂虽然呈现的是汽车，但透过汽车能够学习到很多知识，各国之间能够进行文化的交流。"

中国可持续发展教育全国工作委员会执行主任史根东博士认为，日产筑梦课堂是卓有成效、值得推广的教育创新案例。

他说："（日产筑梦课堂）项目是基于可持续发展理念的教育创新实践，已经取得了有效成果，能够帮助青少年提升对环保与可持续发展理念的理解，培养青少年的动手能力和合作意识，助力优质学校建设具有积极的可传播可推广价值。"

十年树木，百年树人。在不确定的商业环境中，日产汽车向确定的未来持续投资。

第 VI 章

激荡新十年

新时代呼啸而来。

汽车历来被喻为现代工业之花。在过去一个多世纪，内燃机汽车极大改变了世界这一点已成为全球商业常识。历经百年激荡，汽车已被深刻改变。未来汽车是什么？它承担着怎样的使命？它能否再次改变世界？

日产汽车原首席运营官古普塔（Ashwani Gupta）认为，纵观人类近代史，有三样东西改变了世界：一是出行工具，包括汽车、火车、发动机、飞机等；二是能源，人类所使用的能源经历了从木炭动力、石化动力再到电驱的变迁；三是通信技术，从固定电话到移动电话，再发展到智能手机。"这是三个改变世界和变革产业的技术发明，现在我们正处于下一次产业革命的中心。"他解释道。这种大环境下，中国在电驱化、自动驾驶以及网联车等智能技术方面引领全球，中国消费者期待更清洁、更安全、更包容的汽车。

东风公司董事长竺延风用"动居乐业"来形容未来汽车，将其定义为社会先进生产方式最重要的代表——这可以从生产制造、生产力、汽车承载以及人文等角度进行多方位诠释。

"把新技术推向成熟和规模应用，汽车产业起到了极大的作用。"竺延风表示，"在汽车行业干得越来越会产生敬畏之心，对汽车认知也在不断升华、不断丰富，就好像是一本写不完的书，不断有新内容写进去，同时也在不断探索更多的可能。"1961年出生的竺延风已在汽车行业磨炼了30多年。自2015年5月执掌东风公司以来，他主导了东风公司的"十四五"规划的制定和改革。

中国电动汽车百人会董事长、国务院发展研究中心原党委书记陈清泰曾在多个场合描述他眼中的未来汽车："与传统汽车相比，它的属性变了，定义变了，边界也变了。它正在由一个典型的机械产品转化为由数据决定体验，软件定义汽车的数字化电子电力产品、电子信息产品、人工智能产品、移动互联网产品。由一个从 A 到 B 的移动工具，转化为超级移动智能终端。"

在苗圩看来，汽车是"改变世界的机器"。随着社会的发展和技术的进步，全球汽车行业正在经历一场百年未有之大变局，以电动、智能、网联、共享为特征的变化正在发生，这将让汽车又一次成为改变世界的机器。将来的汽车就是一个移动的智能终端——不但能够完成现在汽车的所有功能，而且会将驾驶员解放出来，具备许多现在汽车没有的功能。

"我们都经历过大约 10 年前功能手机向智能手机转换的过程，一批传统手机品牌消失了，又有一批新的智能手机企业诞生。现在的汽车就好像当年的手机，随着技术进步和时代演进，一定会带来产业生态的重构。"苗圩说。

很难说清楚究竟是被重新定义的汽车带来了这场影响深远的汽车革命，还是这场影响深远的汽车革命导致汽车被重新定义，抑或两者相互影响兼而有之，但结果却是毋庸置疑的——全球汽车产业的场景和赛道已经改变，这个赛道上的先行者是中国。

汽车百年未有之大变局和动力技术变革给中国带来了新机遇。由于种种原因，中国遗憾地错过了第一次工业革命和第二次工业革命，但是经过 60 多年的市场培育，在迎接第三次工业革命的机遇与挑战中，蓄势待发的中国汽车工业最终被时代选中。

"我们正在经历一场伟大的汽车革命。支撑汽车革命的是新能源和信息技术的快速进步，倒逼汽车革命的是拯救地球、减少碳排放和保护环境的紧迫性。"陈清泰告诫道，"这是一场波澜壮阔的工业革命。向前看，挑战与机遇并存。如果把握得好，机遇便会大于挑战。"

苗圩在不同场合提出，新能源汽车是全球汽车产业转型升级、绿色发展的主要方向，也是中国汽车产业高质量发展的战略选择。出于节能减排，特别是减少温室气体排放的需要，汽车行业应为此作贡献。新能源汽车具有明显的生命周期减排优势，特别是纯电动汽车，至少在使用过程中不会产生尾气排放。如果再使用绿色的电，就会大大减少对环境的影响。

新能源汽车好比比赛的上半场，虽然中国汽车企业在与国外汽车企业的激烈竞争中取得了较好的成绩，但决定胜负在下半场，也就是在智能网联汽车的发展上。随着人工智能的发展，人类最终会实现无人驾驶汽车的目标。这个过程中，ADAS 辅助驾驶技术应用可以减少每年因道路交通事故造成的人员伤亡，这是十分有意义的事情。

"我们都应该积极参与，增加投入，使这些技术早日为全人类福祉作出贡献。从这个角度看，新能源汽车又是智能网联汽车的基础，也可以说是上半场和下半场的关系。"苗圩解释道。

新汽车时代，日产汽车如何迎接下半场挑战？

第六章 | 激荡新十年

日产汽车重新站在了起跑线上

2021年11月底,日产汽车首席执行官内田诚在"日产汽车2030愿景"(Nissan Ambition 2030)发布会上表示:"日产汽车已经摆脱危机,再次站在通往未来的起跑线上。"

"日产汽车2030愿景"是以内田诚和古普塔为首的管理层履新以来,面对日产汽车新十年发展路径发布的新战略,是日产汽车针对2050年碳中和目标而制定的未来行动指南。古普塔从产品、技术路线和电动汽车制造生态系统等角度进行了详

日产汽车发布"日产汽车2030愿景"(Nissan Ambition 2030)

细阐释。

第一，产品和技术。

未来5年，日产汽车计划投资2万亿日元（折合177.3亿美元），推出20款纯电动车型和搭载日产e-POWER技术的车型。到2026财年，提升核心市场电驱化车型的销售占比。其中，欧洲市场率先实现所有核心乘用车型电驱化，电驱化车型销量占总销量75%以上；日本市场占比达到55%以上；中国市场主要车型实现电驱化，占比达到40%以上；美国市场纯电动车型占比40%。

第二，提高电动车型竞争力。

作为首批自主研发车载锂离子电池技术的汽车制造商，日产汽车已在此领域深耕30年。它正结合雷诺-日产-三菱联盟资源研发无钴电池，目标是到2028年，与第二代日产聆风相比，将液态锂离子电池成本降低65%以上。

全固态电池（ASSB）技术方面，日产汽车在继续致力于锂离子电池技术的研发，同时引入无钴技术，预计到2028财年将电池成本降低65%。日产汽车计划于2028财年推出搭载独创全固态电池（ASSB）的电动车型，并计划在2024财年在日本横滨建造试点工厂。

电池供应方面，日产汽车计划于2026财年将全球电池容量提高至52千兆瓦时（GWh）；于2030财年，提高至130千兆瓦时。在日本、中国、英国和美国这四个核心市场，实施"本地到本地"产业战略，一方面提高成本和运营优势，另一方面有效减少电动汽车制造的碳足迹。

第三，生态系统。

日产汽车拟将其独特的电动汽车制造生态系统——日产EV36Zero电动汽车枢纽模式拓展到核心市场。该模式可将汽车生产、超级工厂和微电网进行互联，实现100%可再生能源。其全球首个生态系统已在英国桑德兰建成，耗资10亿英镑。

车载电池回收和再利用领域是日产汽车可持续发展的首要任务。日产汽车计划将电池再生工厂拓展到日本以外地区——2022财年在欧洲、2025财年在美国设立。日产汽车电池再生设备支持能源管理的可循环经济，其目标是到2020年中期，实现"车辆到一切"（vehicle-to-everything）系统和家用电池系统的完全商业化应用。

对智能驾驶技术，日产汽车也给出了时间表。2026财年，日产品牌和英菲尼迪品牌车型中，超过250万辆新车搭载综合辅助驾驶系统——ProPILOT超智驾技术。到2030财年，大多数新车将搭载下一代激光雷达系统（LIDAR）。此外，特定条件下的全自动驾驶技术也在同步开发中。

内田诚在发布"日产汽车2030愿景"（Nissan Ambition 2030）时表示："面对环境与社会方面的课题，企业应当担负的作用与责任日益增大。为了解决这些课题，需要通过电驱化与智能化技术等优势作出贡献，将日产汽车转变为被消费者与社会真正需要的企业。"此外他还提到，这些举措需要与志同道合的伙伴共同推进，这一思想也包含在"赋能出行，携手未来"的口号中。

在"日产汽车2030愿景"（Nissan Ambition 2030）中，

有两方面需要特别指出：一是明确了 50% 电驱化目标，但没有明确彻底停止燃油车动力系统开发的工作。二是未提及燃料电池相关规划。

古普塔解释道："首先，燃油车淘汰不应该由我们做主，而应该由消费者做主。日产汽车的电驱化动力系统已经非常有竞争力了，我们的主要职责就是让电驱化动力系统，在驾驶性能和成本方面更具竞争力。其次，我们认为燃料电池技术并不是日产汽车的最佳选项，日产汽车更关注如何实现全生命周期的零排放，这就是我们不仅投资电池，还投资电池回收、再利用和可再生能源生态系统的原因。"

"过去 11 年多的时间，我们一直在生产、销售日产聆风电动车，我们研究电池已经超过 30 年，由此获得的技术与经验既是我们庞大的资产也是我们的优势。"2021 年 12 月，内田诚在接受外媒《美国汽车新闻》采访时补充道，"日产在纯电动车以外，还有另一种电驱化方案，就是日产 e-POWER 技术，根据市场的需求，为消费者提供两种选择。"

那么，日产汽车会不会因此错失燃料电池的发展机遇？"日产汽车在电驱化方面着力于 EV 与 e-POWER，我们对这两项技术充满信心。"古普塔回答道。在日本市场，e-POWER 的技术优势已得到验证，在中国市场这一技术也已经应用于轩逸的 e-POWER 车型上。将中国销量最好的轿车和日本最好的技术结合在一起，后续还会扩大 e-POWER 车型阵列。同时，从日产 Ariya 开始，也将准备推出纯电动车型，日产汽车已做好了万全的准备。

临危受命

2019年年底,日产汽车新管理层临危受命,他们即将面对一个巨大的考验。

内田诚在加入日产汽车前便对汽车情有独钟。当年还在一家日本商社工作的他,购买的第一台车便是广受好评的日产Fairlady Z跑车。执掌日产汽车后,"复兴日产汽车的关键是产品和技术"成为他坚持的信条。

2003年,怀揣着从事全球化工作的强烈意愿——彼时日产汽车与雷诺集团已组成联盟,内田诚进入了日产汽车。在担任日产汽车首席执行官之前,内田诚的职业生涯里有两个重要的里程碑。

一是2012年派驻雷诺三星。此前他一直在日产与雷诺联盟的共同采购部门工作,在韩国作为项目负责人推进事业的整改,工作范围扩大到包括商品企划和项目管理等。

二是在东风汽车有限公司担任总裁期间提升了领导能力。"虽然只有一年半的时间,但我学到了很多东西,尤其学到了如何在合资企业中,让大家拧成一股绳,朝着同一个方向去努力。"他回忆道。

2018年,内田诚任东风汽车有限公司总裁时,日方派驻员有170人。内田诚经常对他们讲:极端来讲你们已经被日产

日产汽车首席执行官 内田诚

汽车解雇了，现在是东风汽车有限公司、东风日产的员工，大家都应该抱有这种心态。为了合资公司的成功，能为合资企业做什么？他不仅每天把这种观点传递给日方派驻员，同样也传递给了中方员工。"这样的领导力非常重要，否则，就无法建立信赖关系，我们在中国的事业也不可能成功。"他强调道。

在东风汽车有限公司期间所积累的经验，后来被内田诚运用到日产汽车的治理上。典型例子就是决策能力，东风汽车有限公司业务繁杂，"当时在有限的信息中，如何作出更好的决策，这让我苦恼了很久。"内田诚回忆道，"如何信任部下并将工作授权，推进工作，这种勇气和决断对于决策者而言是最重要的。"

第六章 | 激荡新十年

日产汽车前首席运营官 古普塔 出席上海车展

另外，身为日产汽车首席执行官的他，也凭借坚定的决心得到日产汽车员工和股东们的认可。他经常提及："日产汽车的真正实力远远不止如此，如果我不能让日产汽车业绩有所改善，请大家立刻解雇我""我相信日产汽车会变得越来越好"。两年后，日产业绩改善，让那些质疑者们对内田诚心服口服。

古普塔出生于印度，这在主要由法国人和日本人组成的雷诺－日产－三菱联盟中是较为独特的存在。他日语流利、能言善辩、精力充沛、注重数据，热衷于在演讲中列举数据。在近30年职业生涯中，他分别效力过联盟的三家公司，在不同文化背景下负责过一系列关键领域——新兴市场、开发、采购、皮卡、运营管理等，归纳起来共积累了以下4个方面重要的经验。

一是为后面进日产汽车做好准备。1992 年，古普塔作为一名新人工程师，在炼油厂修理油泵。2006 年，他作为联盟在印度的首批员工开始为日产 – 雷诺联盟效力。2008 年，古普塔进入联盟全球采购战略部。2011 年，到日产汽车总部负责 Datsun 业务。

二是巧妙运用自己之前积累的经验，在之后的工作中大显身手。2014 年 5 月，古普塔负责雷诺轻型商用车业务板块，两年后实现扭亏为盈。2019 年 4 月，担任三菱汽车首席运营官。2019 年 12 月至今，古普塔作为日产汽车的首席运营官肩负着复兴日产汽车的使命。

第三个重要的经验是推动利润和市场份额扩大，促进业绩增长。古普塔将联盟旗下三家公司的轻型商用车项目联合起来，寻找新的协同效应和扩张方式。此外，在古普塔的努力下，东风汽车有限公司的轻型商用车业务实现了扭亏为盈，迈入增长阶段。

四是在历经新冠肺炎疫情暴发、芯片危机等黑天鹅事件，以及在数字化和电驱化等颠覆式的变革中，制定可持续发展目标。古普塔强调："企业转型，产品更新，企业文化的变革等，我面临的挑战全都围绕着'变革（Transformation）'。其中最重要的还是'由量变到质变'的思想转换。"

这些经历使古普塔不断成长。"当我开始职业生涯时，从来没想过我能达到这个位置（日产汽车首席运营官）。我没有申请这份工作，是公司决定给我这个机会。"

"30天报告"

对日产汽车而言,2019年东京车展像是一次重新出发的集体宣言。

在接下来近一周的时间里,日产汽车向外界全面展示了日产智行(Nissan Intelligent Mobility)技术,最大限度地开放技术中心和设计中心,并首次让媒体参观日产汽车和英菲尼迪正着手研发的下一代车型。

新管理层希望借此机会传递一个信息:日产汽车正在开启一个新时代。而东京车展上首次亮相的Ariya,则被视为正在徐徐翻开新篇章的象征。

在另一条战线上,日产汽车内部变革亦同步推进。

摆在新管理层面前的首要任务,是彻底洞悉日产汽车为什么会出现高层危机和经营危机,员工积极性欠缺、士气不足等问题。

经与日产汽车高层、员工、经销商和供应商开诚布公的深入沟通,整理出了"Nissan NEXT企业转型计划"(简称转型计划)。

2020年5月28日,日产汽车在横滨发布"Nissan NEXT企业转型计划"。四年转型计划的目标是,到2023财年结束前,实现可持续增长、稳定财务状况和提升赢利能力。具体数字是,全球市场份额达到6%，核心经营利润提高至5%（中国合资公司部分基于权益法计算）。

转型计划包含三大支柱。

其一，业务合理化。对回报率较低的业务进行重组，削减过剩产能。计划将2018财年全球720万辆产能精简20%，至2023财年调整到540万辆，产品阵容则从69种车型减少到55种以下，车型数量减少约20%，Datsun品牌退出俄罗斯市场。

其二，优先与重点原则。重点发展市场、产品和技术三大领域，核心市场聚焦于日本、中国和北美（包括墨西哥）。针对不同市场实行不同策略：日本市场继续强化；中国市场保持稳健增长；美国市场恢复业务质量。

其三，聚焦未来发展。根据此前一天（2020年5月27日）发布的雷诺-日产-三菱新中期事业计划，联盟将采用引领者与跟随者全新商业模式，对全球不同区域市场分而治之，更注重效率和竞争力。

其中，日产汽车在中国、北美和日本这三大市场起引领者作用。在未来技术方面，日产汽车在较大汽车的电气化、自动驾驶，以及中国车联网等领域处于引领者地位。从2025年开始，日产汽车将负责为联盟开发所有关键紧凑型跨界车平台。

内田诚表示，对于"Nissan NEXT企业转型计划"，"降低成本并非难事，但仅靠企业转型计划迟早会达到极限。重点在于如何通过降低成本使日产重新回到增长的轨道，这就是转型计划设立三大支柱的原因。"

撒下的种子很快就破土萌芽。两个月后，转型计划初见成效，这无疑提振了新管理层的信心。2020年10月，日产汽车认为"正沿着正确方向前进，虽然仍有些亏损，但可以看到好转趋势"。2021年4月，日产汽车重申，"转型计划正有条不紊地向前推进，并且取得阶段性成果：合理化目标已百分之百完成；中国、美国和日本这三个核心市场表现不俗"。

内田诚认为，日产汽车潜力不止于此，他希望更上一层楼。"我所熟知的日产汽车，绝对不是我就任首席执行官时的水平。如果按照转型计划推进下去的话，日产汽车会越来越好。"

新管理层很清楚，日产汽车要抵达心中的目的地，就必须与时俱进，重塑企业文化。内田诚上任不久，就以企业宗旨的形式，阐明日产汽车为何存在，以及其存在于社会的意义。

日产汽车一直倡导丰富人们的生活，并激发日产汽车企业DNA的挑战精神，持续进行各种创新。可以说，正是因为这种可自由创新的环境，诞生了日产Z系列跑车、日产GT-R、电动汽车日产聆风等车型。

中国新图景

日产汽车在全球开启新时代的同时,也在中国踏上了新征程。

内田诚十分重视中国市场。"世界上没有任何一个地方,比中国更加朝气蓬勃,更具前瞻性。"在2020年北京车展的发布会上,他在致辞时说。在智能网联(Connected)、自动驾驶(Autonomous)、共享服务(Sharing)、电驱化(Electric)等领域,中国无疑是全球最先进市场之一,日产汽车要针对当地需求,进行产品企划、开发和生产。

这是日产汽车历经系列调整后首次亮相中国。在北京车展展台上呈现的是其全新LOGO——在继承了"精诚所至,金石为开"的基础上,将原来的全圆弧线,变成上下两个半圆;原来的粗黑英文字体,变得活泼纤细,以开放年轻的心态拥抱数字化未来。展台中央,以一棵树经历四季更替所呈现的自然之美为创意,Ariya首次在中国展示。

日产汽车在中国全力以赴,通过日产智行(Nissan Intelligent Mobility,NIM)导入更多产品和技术。日产智行的三大支柱分别是智能动力、智能驾驶和智能互联,而肩负日产智行落地中国重任的是东风汽车有限公司。

电驱化方面,加速导入多款电驱化车型,包括e-POWER技术和纯电动车型。智能互联方面,将在11款日产品牌车型

日产汽车发布全新品牌标识，开启数字化时代新篇章

上搭载超智联，占日产车型的 95%。

　　智能驾驶方面，具备 L2 级智能驾驶功能的 ProPilot 超智驾技术已搭载在天籁、奇骏、逍客和英菲尼迪 QX50 等车型上。东风日产计划于 2025 年在 9 款核心车型上搭载该技术。未来，东风有限公司也计划将根据中国法规和客户需求，引入更高级别技术，并扩展到其他车型和品牌。

　　出行服务方面，日产汽车与自动驾驶初创公司文远知行（WeRide）合作，推进 L4 级自动驾驶技术在中国的研发和商业化落地，并在智慧城市开展无人驾驶出租车服务试点。

　　2021 年 6 月，广州因新冠肺炎疫情封控期间，搭载文远知行自动驾驶系统的日产轩逸（纯电 SYLPHY Zero Emission）无人驾驶车型，连续 20 天在封控区为居民运送物资，突破全无人驾驶从 0 到 1 的应用。此外，为加快在上海推出移动出行服务的步伐，日产汽车还组建了专门团队。

古普塔表示，中国汽车市场表现令人印象深刻。一是中国的速度，无论是发展速度，还是科技创新的速度，都非常快。二是成熟度，主要指技术成熟度和高质量，原因在于中国拥有全球最大且熟知先进技术的消费群体，他们不断激发并促进汽车行业和制造商，提供最先进的创新技术和最佳的服务。

2021 年年初，针对新冠肺炎疫情和缺芯双重压力下的企业经营，中日双方管理层制定了十八字经营方针——稳经营、控成本、促改革、强协同、抓关键、防风险。

"经营上一定要稳，稳经营的前提是控制成本，保持运营质量……我们的利润和经营质量，董事会还是比较满意的。"陈昊举例道，"比如控成本，近几年东风汽车有限公司坚持的做法是，固定费用增长不能超过销售收入增长的 50%。再比如防风险，供应链的不确定性给企业生产、经营、组织，甚至员工都带来不确定性，作为经营团队，就要时刻关注一些突发风险，或者未来潜在风险。"

东风公司副总经理、东风有限执行副总裁陈昊是土生土长的"东风人"，迄今已从事汽车行业 30 多年、深耕合资企业近 20 年。2020 年 12 月，他升任东风汽车有限公司副总经理，进入领导班子。

2021 年，日产汽车中国区累计销量超过 138 万辆，尽管同比下降 5.2%，但仍是日产汽车在全球最大的市场。东风汽车有限公司克服新冠肺炎疫情反复、极端天气和芯片短缺等不确定因素影响，完成董事会目标。其中，乘用车事业板块（东风日产＋启辰）销量113.5万辆，同比下降6.4%，轻型商用车事业板块（东风股份＋郑州日产）销量23.4万辆，同比增长7.8%。

竺延风对东风汽车有限公司的期待是，"要有先行军的姿态，发挥先行军的作用"。更大的使命往往意味着更大的挑战和更大的压力。作为东风公司旗下最大事业单元，作为销量和利润的最大贡献者，2022年，东风汽车有限公司制定了极具挑战的D30（Double 30）目标——挑战销量增加30万辆、利润增加30亿元双增长目标。

竺延风认为，D30目标并非高不可攀、遥不可及。要实现这个目标，东风有限需要发扬实干苦干精神和马灯精神，科学地干、苦干、合规地干，以"快鱼吃慢鱼"之势赢得竞争主动。

不管是过去、现在，还是未来，日产汽车都会与合作伙伴东风汽车一起迎接新挑战。"我经常听竺延风董事长说，中国市场是'快鱼吃慢鱼'的生存法则。因此，我们要快速判断，推出符合消费者需求的产品，以此展示企业价值和品牌价值。"内田诚说。

未来5至10年，中国市场肯定会有翻天覆地的变化。从新能源汽车市场规模看，中国体量已相当庞大。"日产汽车如何利用这11年所积累的电动汽车经验，与合作伙伴东风汽车一起推进电驱化事业的发展，并为消费者提供更多更好的服务与价值，这是我们面临的重要问题。"内田诚强调道。

一个更清晰的中国战略将在未来发布。可以预见的是，新的中国战略将致力于在不断变化的环境下,如何实现可持续、可赢利的业务增长。

"我们面对的挑战是《新能源汽车产业发展规划(2021—2035年)》的明确性,关于电驱化的选择,其实跟中国这一政策紧密相关……2022年秋天,我们将展出详细产品阵容,发布商业计划,分享更多细节。"古普塔笑着说道,"我们是有备而来的。"

2022年,正好是中日邦交正常化50周年,是中国改革开放总设计师邓小平参观日产汽车座间工厂44周年。届时,日产汽车与东风公司在北京签署的50年长期全面合作协议,整整走过二十载春秋。

苗圩在接受本书作者采访时表示,中日是世界主要经济体和重要近邻,两国经济高度互补、利益深度交融。"回顾50年来两国汽车企业的合作,我们深深感受到合作的重要性。"他说,"正视历史,以史为鉴,开创未来——两国企业如此,两个国家也应该如此。"

后 记

以诚相待，共同奋斗，才能成为一生的朋友

时值中日邦交正常化 50 周年之际，作为经贸领域合作发展的代表之一，日产汽车与东风公司的合资公司——东风汽车有限公司即将迎来成立 20 周年的时刻。葛帮宁女士撰写的新书《日产在中国》，让外界可以从多个角度了解日产汽车在中国的发展历程，我认为这是一件非常有价值、有意义的事情。

我与葛帮宁女士有过两次单独的交流。第一次是 2018 年 11 月 20 日，广州国际汽车展上，我赴任东风汽车有限公司总裁还不到 7 个月，首次以东风有限公司总裁身份接受中国媒体采访。第二次是 2022 年 5 月 9 日，为本书的撰写进行采访。当时由于新冠肺炎疫情，我们分别在日本横滨和中国北京，通过网络连线视频沟通。事实上，包括我在内，葛帮宁女士对东风汽车有限公司的历任总裁以及股东双方负责人都进行过深入的访谈，对日产在中国的历史以及合资公司东风汽车有限公司的发展历史有着比较全面的了解，并将其写进了这本书里。

正是这些令人难忘的奋斗经历，成就了日产汽车和中国

合作伙伴东风公司之间的良好关系，实现了合资企业的快速成长，也实现了股东双方的共同成长。因此，本书所讲述的故事以及呈现的谈话内容不仅对日产汽车，甚至对日本企业在中国的事业发展而言，都是一笔巨大的财富。

2003年10月，我加入日产汽车；2018年4月，我被派驻中国担任东风汽车有限公司总裁。让东风有限实现变革，让股东更好地理解中国市场，是日产汽车将我派遣到中国的重要原因。到中国后，中国的发展速度之快令我感到惊讶，这在日本是不可能感同身受的。中国客户的需求比其他市场变化得更快，中国品牌能够快速响应和改善，中国的确是个很不一样的市场。

在如此与众不同的中国市场，应该如何快速适应其发展速度？我们采取的措施有两方面：一是，产品到达市场的时间要及时（time to market）；二是，为中国市场设计产品（design for China）。只有清楚客户真正的需求，才能灵活迅速地应对。

另外，在东风汽车有限公司的管理方面，我一直把透明、尊重、信任这3个关键词当作信条并付诸实践，在日产汽车的企业文化中，很注重多样化，经常在多样化环境中推进事业发展。为了在东风有限也能够达到这个目标，首先要透明，其次要互相尊重，否则信任将无从谈起。也就是说在透明与尊重的基础上建立信任关系。这3个关键词是我一以贯之的思想和哲学。2019年，在担任日产汽车首席执行官后，我充分利用担任东风汽车有限公司总裁时积累的管理经验，治理日产汽车。

新管理层和我一同上任时,日产汽车正遭遇有史以来最严峻的考验。经过两年的努力,日产汽车终于扭亏为盈,再次站在了面向未来的起跑线上。我一直相信,日产汽车会变得越来越好,而不是我就任首席执行官时的业绩水平,很高兴现在日产汽车正朝着实现这一愿景的方向发展。

在业绩复苏的同时,日产汽车要与时俱进,就必须对企业文化进行变革,也就是说我们要从自身开始改变。担任首席执行官后不久,我就指出要以企业宗旨形式阐明日产汽车为什么存在。通过与全体员工分享这一点,我希望日产成为让每个人都能够灵活、自发地创造价值的企业。日产汽车一直倡导丰富人们的生活,通过持续创新为用户提供更大的价值,这是日产汽车的DNA,也是日产汽车的使命。今后,日产汽车公司将努力成为社会的重要组成部分。从日产Z系列跑车到GT-R,再到电驱化车型,我们在包括中国在内的全球市场,旨在提供创新性的产品和服务,丰富人们的生活。

2021年11月,我们面向新的十年发布了"日产汽车2030愿景"(Nissan Ambition 2030)。该愿景以电驱化为核心,是针对2050碳中和目标而制定的产品和技术路线图,也是日产汽车未来的行动指南。

日产汽车2030愿景指明了方向,为了实现这一愿景,我们必须有具体的事业计划作为支撑。因此,我们首先推进"Nissan NEXT企业转型计划"。2021财年,日产汽车扭亏为盈,迎来了重要里程碑。我们将再接再厉,继续通过合理化、优先与重点原则，实现未来增长，实现 2023 财年经营利润率 5% 的目标。当前，接下来的事业计划也在讨论中。

毫无疑问，中国一如既往仍然是日产汽车举足轻重的核心市场。作为全球最大的汽车市场，中国市场每年销售新车逾 2,600 万辆，几乎全球的汽车制造商都在这里激烈角逐。特别是对于正在推进的汽车新四化领域，中国政府非常重视。如何在中国具体落实新四化，对日产汽车来说是非常重要的经验和机遇。

未来的 5 到 10 年，中国市场肯定会发生重大变化。中国本土品牌在规模日益壮大的新能源汽车领域不断扩大投资，如何通过产品和服务，为消费者提供更多更好的价值，这是我们当前面临的关键问题。

我们会与合作伙伴东风公司一起，详细讨论怎样满足中国市场的需求、顺应市场发展和变化的速度，让中国消费者理解日产品牌的价值，促进中国事业的发展。可以肯定的是，日产汽车将利用在电驱化、智能化方面积累的经验，与东风公司一道，进行相关的投资，共同推进电驱化事业的发展。

中国是一个非常有魅力的国家，在这里的经历是我职业生涯中无可替代的最重要的里程碑。

在中国，人与人之间只要认真相处，为了共同目标一起奋斗，就能成为一生的朋友。至今，我还和中国的朋友们保持联系。在不远的将来，我肯定会回到中国，和老朋友们一起畅叙友情，回忆过去，展望未来。

日产汽车将在中国取得更大进步,创造更多价值。敬请期待。

日产汽车公司首席执行官
内田诚(Makoto Uchida)
2022 年 5 月